KB119637

돈을
지배하는
31
가지
부의 도구

돈을 지배하는 31

슈퍼리치 멘토가 전하는 부의 절대공식

오지혜 지음

가지

부의 도구

INVESTMENT

원앤원북스

새로운 부의 지형을
판독하고 예측하라

많은 독자의 관심과 사랑을 받은 『그들은 어떻게 강남부자
가 되었는가』가 출간된 지 벌써 7년이 지났다. 그동안 필자는 유
수의 금융권에서 근무하며 터득한 자산관리 노하우를 세상에
알리기 위해 쉼 없이 달려왔다. 부자들의 멘토로서 각계각층의
성공사례를 경험하며 다양한 부의 비결과 노하우를 축적했고,
100세 시대에 필요한 새로운 인생의 로드맵을 디자인하기 위해
노력했다. 이 책은 그러한 노력의 결실이자 100세 시대에 바로
적용 가능한 차별화된 가치 창출의 도구다.

투자에는 왕도가 없지만 원칙을 지키면 투자의 성공률을 높일 수 있다.

이러한 원칙은 아직 우리가 가보지 않은 포스트 코로나 시대에도 여전히 유효하다고 생각한다. 우리는 지금 한 번도 가보지 않은 길을 가고 있다. 실제로 2020년부터 이어진 코로나19로 필자의 삶은 완전히 달라졌다. 초등학생 딸은 온라인으로 등교를 하고 있고, 남편은 재택근무를 하고 있으며, 나 역시 온라인으로 대학 강의를 하고 있다. 그동안 매일 반복해온 일상의 루틴이 하루아침에 달라진 것이다.

일상의 큰 변화는 투자 영역에도 거대한 바람을 몰고 왔다. 코로나19로 경기가 어려워지고 불황이 지속되자 투자에 관심을 갖는 사람들이 늘기 시작했다. 경제적 독립에 대한 대중의 관심도 빠르게 커졌다. 직업에 대한 안정성이 낮아지자 한때 '욜로'를 외치던 MZ세대는 재테크 서적과 경제 전문 유튜버의 말에 귀 기울이며 '파이어족'을 꿈꾸게 되었다.

이뿐만이 아니다. 2020년 여름, 제롬 파월(Jerome Powell) 연준 의장이 '영원한 제로금리'를 천명하면서 은퇴를 맞이한 베이비부머 세대는 큰 위기에 빠졌다. 한국의 베이비부머 세대는 자산의 대부분이 부동산에 편중되어 있기 때문에 당장 노후에 쓸 금융자산이 부족한 상황이다. 여기에 저금리와 양적완화, 코로나19 등 예상치 못한 변수들이 복잡하게 뒤엉키면서 뒤늦게 주식투자를 배우는 은퇴자들이 늘고 있다. 기존의 개인 투자자들 역시 위기와 기회 속에서 고군분투하며 주식, 암호화폐 등에 더욱 몰두하게 되었다.

세대별로 재테크를 하는 목적은 달라진다. 종잣돈 마련, 주택 구입, 노후 준비 등 저마다 이유는 다양하다. 하지만 분명한 것은 저성장·저금리 시대로 갈수록 노동으로 얻을 수 있는 소득에는 한계가 있다는 것이다. 따라서 자본이 자본을 끌어올 수 있는 구조, 즉 시스템을 갖춘 돈 관리를 평생토록 해야 한다.

급변하는 시대적 환경에 잘 적응하며 살기 위해서는 변화를 읽을 수 있는 감각이 필요하다. 과거에는 부자가 되기 위해 투자를 했지만 이제는 나의 자산을 잃지 않기 위해, 지키기 위해 투자를 한다. 지금은 변화의 진폭도 크고, 속도도 매우 빨라서 시대의 변화를 읽고 대처하는 방법을 끊임없이 공부해야 하는 시대다.

내가 예상한 속도보다 세상이 더 빨리 변하고 있다면 당신은 어떻게 대응할 것인가? 빠르게 변화하는 세상을 보며 당신은 어떤 감정이 드는가? 내일에 대한 기대감과 설레임으로 가득한가, 아니면 미래에 대한 불안감이 더 큰가? 만일 후자에 가깝다면 지금부터라도 달라져야 한다.

변화를 포착한 준비된 이들에게 미래 사회는 새로운 기회의 창이 될 것이다. 하지만 반대인 경우라면 난항을 겪게 될 것이다. 아이러니하게도 지금 우리가 겪고 있는 '불안한 현실'은 미처 예측하지 못해 벌어진 사고가 아니라, 위기 감각이 무뎌져 피하지 못한 이슈에 가깝기 때문이다. 투자를 잘하기 위해서는 우리가 살아갈 미래 사회와 밀접한 관계가 있는 시그널에 민감해져야 한다. 메가트렌드로 자리 잡은 기후위기, 친환경 정책, 고령화·저출산 현상, 난민 사태 등의 글로벌 이슈가 그것이다.

그럼 인류가 당면한 위험들이 혼재하는 시대에 흔들리지 않을 투자 원칙을 갖기 위해서는 어떻게 해야 할까?

첫째, 기본으로 돌아가야 한다. 『현명한 투자자』의 벤저민 그레이엄(Benjamin Graham)은 투자의 성공은 스킬이 아닌 좋은 태도에서 나온다고 했다. 꼭 학력이 높고, 경험이 많아야만 투자를 잘할 수 있는 것은 아니다. 내가 원하는 투자 방향을 설정하고, 그에 맞는 건전한 투자 전략을 세워 시장의 변동성에 일희일비하지 않는 자세로 종목을 선정해야 손해를 보지 않을 수 있다.

둘째, 장기적인 관점에서 투자를 해야 한다. 투자의 가장 중요한 목적은 이익을 얻는 데 있다. 그런데 자신의 능력 범위를 넘어선 투자를 하는 사람들이 너무 많다. 단기 예측에 근거한 불확실한 투자는 잦은 매매와 손실을 야기한다. 월가의 전설적인 투자가 피터 린치(Peter Lynch)는 "시장은 투자와 아무런 상관이 없다. 나는 끔찍한 시장에서 돈을 벌어봤고, 반대로 좋은 시장에서 돈을 잃어봤다. 시장을 예측하려고 정력을 낭비하지 마라."라고 했다. 예측의 방향이 맞았는지 틀렸는지는 나의 결정이 아닌 시장에 참여한 참여자들의 심리로 결정되기에, 통제 불가능한 시장을 예측하기보다 변화되고 있는 사건에 집중해 장기적인 관점으로 투자하라는 뜻이다.

셋째, 은퇴 이후의 삶을 위한 새로운 전략을 모색해야 한다. 고령화로 매년 평균수명이 늘어나면서 은퇴 이후의 삶이 길어지고 있다. 바야흐로 평생 투자의 시대가 도래한 것이다. 건강한 투자와 효율적인 연금관리를 위해 지금부터라도 지속 가능한 투자 계획을 세워야 한다. 가족의 노후와 안위를 위해서라도 내가 평생토록 사랑할 배우자를 찾는 심정으로 공부하고 투자를 시작해야 한다. 1960년대 한국인의 평균 기대수명은 50대였다. 학교를 졸업하고 20년가량 일하면 인생의 황혼기에 접어든 것이다. 그러나 이제 기대수명 100세 시대가 눈앞으로 성큼 다가왔다. 즉 60세까지 안정적으로 일을 한다 해도 40년 가까운 망망대해와 같은 노후를 견뎌야 한다. 은퇴 후 40년을 보장할 든든한 노후의 버팀목을 세우기 위해서는 변치 않을 투자 원칙과 불확실성에 대응할 지혜가 필요하다.

시인 로버트 프로스트(Robert Frost)는 시 〈가지 않은 일〉에서 이렇게 이야기한다.

오랜 세월이 지난 후 어디에선가 나는 한숨 지으며 이야기할 것입니다. 숲속에 두 갈래 길이 있었고, 나는 사람들이 적게 간 길을 택했다고. 그리고 그것이 내 모든 것을 바꾸어 놓았다고.

당신은 어떤 길을 가고 싶은가? 부디 당신이 이 책을 통해 투자에 대한 관점을 바꾸고 현명하게 미래에 대비하길 바란다. 그리하여 먼 훗날 문득 가지 않은 길을 떠올리며 웃음 짓는 날이 오기를 희망한다. 삶 가운데서 직면하게 되는 위기는 내가 생각의 좌표를 어디에 두느냐에 따라 얼마든지 새로운 기회가 될 수 있다. 저성장·저금리 시대를 맞이해 이 책이 새로운 부의 지형을 판독하고 예측할 수 있는 안내서가 되길 바란다.

끝으로 이 책이 나오기까지 기도와 응원을 아끼지 않은 남편과 딸 현지, 그리고 부모님에게 깊은 감사의 마음을 전한다.

오지혜

차례

1장 부의 습관:
부자는 무엇이 다른가?

2장 부의 방향:
당신과 돈이 가야 할 방향

3장 부의 도약:
회사는 당신을 책임지지 않는다

4장 부의 감각:

마인드의 차이가 부의 차이로

1장

부의 습관:

부자는 무엇이
다른가?

성공과 실패,
금융지능에 달려 있다

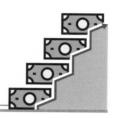

"문맹은 생활을 불편하게 하지만 금융문맹은 생존을 불가능하게 하므로 문맹보다 무섭다."

이는 연준의 전 의장이었던 앨런 그린스펀(Alan Greenspan)의 말이다. 실제로 코로나19로 몸살을 앓던 2020년은 금융문맹자들에게 두려움과 고난의 시기였다. 그러나 금융지능이 높은 사람들에게는 부를 늘리고 성공을 공고히 할 기회의 장이었다. 도대체 금융지능이 무엇이길래 이러한 차이를 가져온 걸까?

금융지능이란
무엇인가?

금융지능(FQ: Financial Quotient)이란 금융(Financial)과 지수(Quotient)의 합성어로 '금융이해력지수'라고도 한다. 쉽게 말해 금융 분야에 대한 이해와 지성, 실제 활용능력 수준을 일컫는 말이다. 2018년 OECD에서 실시한 금융이해력 조사에 의하면 한국인의 금융이해력 점수는 OECD 평균 62.9점에 못 미치는 62.2점에 불과했다. 또한 2015년 미국의 신용평가회사 S&P가 조사한 전 세계 국가별 금융이해력 평가에 따르면 한국은 4가지 부문(투자 위험 분산, 기본적인 이자 계산, 인플레이션, 복리 개념)에서 33점을 받았다. 이는 성인의 33%만이 금융이해력을 지니고 있다는 의미로, 북유럽 평균(71점)과 비교하면 절반 수준에 불과하다.

부끄럽지만 필자 역시 대학을 졸업하고 금융기관에 입사하기 전까지만 해도 금융지능이 부족한 편이었다. 누군가 주식에 대해 이야기하면 '주식은 위험하지 않나?' '주가가 오르면 좋고, 내려가면 나쁜 거 아닌가?' 하는 정도의 인식만 있었다. 문제는 과거의 필자가 갖고 있던 이러한 안일한 생각을 여전히 많은 이들이 공유하고 있다는 것이다.

실제로 금융교육을 위해 중·고등학교에서 특강을 진행하면 꼭 이렇게 말하는 학생이 있다. "교수님, 우리 엄마가 그러는데요. 주식하면 망한대요. 그래서 주식은 절대 하는 게 아니래요." 그럴 때마다 나는 사명감을 느끼며 금융자본주의에 대해 설명한다. "우리 몸에서 피를 원활하게 보내는 중요한 신체기관이 있어요. 이 기관이 잠들면 우리는 살 수 없는데요. 이곳은 어디일까요?" 하고 운을 떼면 학생들은 한목소리로 '심장'이라고 대답한다. "맞아요. 심장입니다. 그럼 이제 경제 이야기를 해볼게요. 우리나라 경제체제는 사유제산제를 바탕으로 두고 이윤 추구를 위해 생산과 소비가 이뤄지는 자본주의입니다. 이 자본주의가 발전되면서 금융자본주의가 나타났는데요. 금융자본주의에서 주식은 심장처럼 아주 중요한 역할을 합니다."

이렇게 자연스럽게 주식에 대해 설명하면 아주 드물기는 하지만 간혹 성인 못지않게 금융용어에 대한 이해가 뛰어난 학생을 발견할 때가 있다. 그러한 학생은 대부분 아버지가 금융기관에 종사하고 있거나, 어머니가 투자활동을 하는 등 어릴 적부터 간접적으로 경제 관련 이야기를 접하며 자란 경우가 많다. 필자는 이 부분이 금융지능을 키우는 데 매우 중요한 열쇠라고 생각한다.

금융지능을
키워야 하는 이유

2020년 금융감독원과 한국교육과정평가원은 10년 사이 달라진 시대 흐름을 좇기 위해 2010년에 처음 만든 '초·중·고 금융교육 표준안'을 새로이 개정했다. 새로운 금융교육 표준안이 제시하는 바에 따르면 초등학교 과정에서는 돈의 필요성과 중요성, 투자·신용·부채·보험 등의 개념과 위험 관리 전략, 은퇴설계의 개념을 익혀야 하고, 중학교 과정에서는 자산관리의 필요성과 금융 의사결정에 책임이 따른다는 점을 숙지해야 한다. 그리고 고등학생 과정에서는 다양한 투자 정보 중 신뢰할 수 있는 정보를 구별하고, 투자 의사결정에 거시경제가 미치는 영향에 대해 배워야 한다. 그러나 잘 알다시피 이러한 금융교육 표준안은 정규 교과에 거의 반영되고 있지 않다. 여전히 기술·가정이나 사회과의 일부 단원으로 경제와 금융에 대해 가르칠 뿐이다.

2009년 제정된 「경제교육지원법」에서는 '국가는 학교 안팎에서 경제교육의 기회가 충분히 제공될 수 있도록 노력하여야 한다.'라고 명시하고 있다. 그러나 금융·경제 능력을 기본 소양으로 보고 교육과정에 의무화한 영국, 미국, 캐나다 등 서구 국가들과 달리 우리나라는 여전히 '좋은 대학' '좋은 일자리'에 초점을 맞춘 입시 중심의 교육을 하고 있다. 실제로 입시 교육을 마친 우리나라 대학생 및 취업준비생에게 가장 필요하고 시급한 교육은 '소득과 지출에 대한 관리 및 투자활동 전반에 대한 기초적인 교육'이라고 한다. 자발적으로 경제 공부를 하지 않는 이상 기본적인 금융지식조차 갖추지 못하고 성인이 되는 경우가 부지기수인 것이다.

몸은 어른인데 금융지능은 아이 수준이다 보니 사회 곳곳에서 여러 부작용이 발생하고 있다. MZ세대라고 일컫는 청년 세대의 경우 그 문제가 더 심각하다. 다음은 〈파이낸셜뉴스〉의 2021년 5월 12일 기사다.

MZ세대는 부모 세대보다 가난해지는 첫 세대가 될 것으로 보인다. (…) MZ세대는 월급(노동소득) 받아 예금(초저금리) 해서 내 집 마련이 불가능하다. 취업 경쟁은 살인적이다. 경제적으로 '캥거루족(부모에 의존하는 2030세대)'이 되거나, 독립해도 월세를 내다 보면 돈을 모으기 힘들다. 급등한 부동산은 언감생심이고 주식은 어렵다. 인생역전을 위해 코인(가상화폐)을 노린다.

MZ세대는 이제 근로소득만으로는 연애, 결혼, 출산 등을 꿈꾸는 것이 불가능에 가깝다고 생각한다. 부모 세대와 동시대에 살면서 비슷한 수준의 소득활동을 하고 있지만 자산의 격차는 날이 갈수록 벌어지고 있기 때문이다. 부동산과 같은 투자자산의 가격이 큰 폭으로 상승하면서 이를 보유하지 못한 젊은 층은 상대적으로 가난해진 것이다. 실제로 2030세대 사이에서 소위 '한 방'을 노리는 '패닉 바잉' '빚투' '묻지마 투자'가 만연해진 이유이기도 하다.

금융감독원에 따르면 매년 3월 말 기준 이전 1년간 국내 은행 가계대출 증가분에서 MZ세대가 차지하는 비중은 2019년 33.7%, 2020년 45.5%, 2021년 50.7%로 폭발적으로 상승했다. 2021년 3월 말 국내 은행 가계대출 잔액 867조 8천억 원 중 2030세대의 가계대출 잔액은 무려 259조 6천억 원에 달한다. 물론 양적완화로 시중에 돈이 많이 풀리면 가계부채도 자연스럽게 늘어나는 게 맞지만 MZ세대의 빚 증가세는 빨라도 너무 빨랐다. 위기를 기회로 만들고 싶은 조바심의 여파로 해석된다.

위기를 정말 기회로 만들고 싶다면 금융지능부터 키울 필요가 있다. 성공하는 투자자, 사업가에게는 늘 위기의 순간이 있었고, 위기를 기회로 만드는 결단의 순간이 있었다. 그리고 좋은 결단을 내리는 데 큰 역할을 한 것이 바로 금융지능이다. 금융지능이 뒷받침되면 변치 않을 투자 원칙과 불확실성에 대응할 지혜를 키울 수 있다. 그렇다면 금융지능을 키우고, 궁극적으로 경제적 자유에 이르기 위해서는 어떻게 해야 할까? 지금부터 함께 알아보자.

수입과 지출의 흐름부터 파악하자

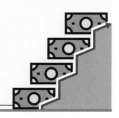

　삼성을 세계적인 초일류 기업으로 성장시킨 이건희 전 회장은 "절약에 앞장서라. 약 중에 으뜸은 절약이다."라고 했다. 우리나라 최대 재벌도 절약의 중요성을 강조한 것이다. 영어로 '절약(thrift)'의 어원은 '번영하다(thrive)'이다. 절약을 통해 풍요롭게 살 수 있다는 것을 의미한다.

　되돌아보면 우리는 어릴 때부터 아껴야 잘 산다는 이야기를 자주 들었다. 휴지를 쓸 때 과하게 수십 장씩 뽑아서 쓰면 어머니에게 혼이 나기도 했고, 소등하지 않고 외출을 했다가 아버지

돈을 지배하는 31가지 부의 도구

에게 꾸지람을 받기도 했다. 이처럼 과거부터 부모 세대는 자녀에게 제대로 된 경제관념을 심어주기 위해 노력했다.

은행에서 VIP 고객을 위한 세미나를 할 때였다. 세미나장에 빵과 음료수 등 간단한 다과가 준비되어 있었는데, 강연이 끝난 뒤 한 여성 고객이 다가와 이렇게 말했다. "빵과 음료수가 남았는데 내 몫은 챙겨 가도 될까요? 두고 가면 버릴 것 같은데, 가져갈 수 있으면 집에서 먹으려고요." 그녀는 수십억 원대 자산가인 50대 VIP 고객이었다. 냅킨 한 장 허투루 쓰지 않고 알뜰하게 챙겨서 집으로 돌아가는 그녀의 검소함을 보면서 큰 감명을 받은 기억이 있다.

'가난이 방문으로 들어오면 사랑은 창문으로 달아난다.'라는 속담이 있다. 이는 사랑해서 결혼했지만 돈 문제가 생기면 다투게 된다는 것이다. 실제로 경제적인 이유로 이혼하는 가정이 늘고 있다. 그러므로 가정 경제를 잘 경영하기 위해서는 무엇보다 '가난'해지지 않는 방법부터 배워야 한다.

사람들이 돈을 잘 모을 수 있는 방법을 물어보면 전문가는 아끼는 것부터 시작하라고 조언한다. 당연한 이야기지만 그만큼 절약은 중요하다. 물론 '절약'이라고 다 같은 절약은 아니다. 일반 사람의 관점이 아닌 부자의 관점에서 절약을 바라봐야 한다.

부자는 어떻게
절약할까?

일반 사람의 관점에서 바라본 절약의 대표적인 방법은 장기 저축성 상품인 보험이다. 목돈을 마련하고 미래에 대비하기 위해 보험에 드는 경우가 많다. 현재의 소비에 대한 기회비용을 미래를 위해 미루는 것이다. 실제로 '카페라테효과'를 이야기하며 저축성 보험에 가입하는 직장인이 참 많다. 카페라테효과란 식사 후에 마시는 커피 한 잔 값, 즉 푼돈을 꾸준히 아낄 경우 기대 이상의 큰 재산을 축적할 수 있다는 이론이다. 예를 들어 5천 원 짜리 카페라테를 매일 마신다고 가정해보자. 20일이면 10만 원이 되고, 1년이면 120만 원이 되고, 10년이면 1,200만 원이 된다. 하루 5천 원씩만 절약해도 푼돈이 목돈이 된다는 뜻이다.

물론 종잣돈을 위해 푼돈 관리는 필수적이다. 하지만 이것만으로는 부족하다. 왜 그럴까? 절약과 저축은 경제적 자유를 쟁취하는 방법 중 '1단계'에 해당한다. 1단계가 중요하긴 하지만 부자의 관점에서 볼 때 1단계는 아주 천천히 부자가 되는 방법이다. 돈을 착실하게 모으고, 무조건 절약하면 어느 정도 목돈이 생기겠지만 이것만으로는 부족하다. 목돈이 모이면 과감하게 가

돈을 지배하는 31가지 부의 도구

치 있는 곳에 돈을 쓸 줄 알아야 하며, 투자할 때 좀 더 기민하게 움직여야 한다.

가격이 아닌 가치를 생각하는 것이 바로 부자의 절약법이다. 예를 들어 어떤 재화나 상품에 1억 원을 썼더라도 그 가치가 1억 원 이상이라면 절약한 것이고, 1만 원을 썼더라도 가치 없는 데 돈을 썼다면 그것은 낭비인 것이다. 그러니 사치품을 샀다고 해서 무조건 낭비라고 하는 개념은 부자들이 생각하는 절약의 개념과 거리가 멀다. 보이는 숫자에 따라 1억 원이면 비싸고 1만 원이면 싸다는 마인드는 부자의 마인드가 아니다. 눈에 보이는 가격에만 초점을 두는 건 빈자의 마인드다.

'나름 아낀다고 아끼는데 왜 카드 값은 줄지 않을까?' 신용카드를 사용하는 사람이라면 누구나 하는 고민이다. 고객에게 이와 비슷한 질문을 받을 때면 생각나는 일화가 있다. 텔레비전에서 홈쇼핑 채널을 보다 보면 '1+1' 특가 상품을 자주 보게 된다. 관심이 없던 상품도 덤으로 하나 더 준다고 하면 구매 욕구가 생긴다. 괜히 돈을 아낀 것 같아 뿌듯하고 기분이 좋아져서 과감하게 결제 버튼을 누른다. 그런데 이렇게 충동적으로 산 물건은 대부분 서랍에서 먼지가 쌓인 채 방치된다. 필자도 저렴한 가격과 '1+1' 혜택에 현혹되어 스타일링 관련 소품을 5~6개가량 충동 구매했는데, 정작 제대로 사용 중인 물건은 딱 1개에 불과하다. 아낀다고 저렴하게 샀어도 제값도 못 하고 버리는 일이 반복되니 당연히 카드 값은 줄지 않는다.

부동산 투자로 40대 후반에 소위 '슈퍼리치'가 된 남자 고객이 있다. 그는 평생 동안 아끼면 잘산다고 믿으며 리스크가 큰 주식, 부동산 등은 멀리하고 저축만 하며 검소하게 살았다. 그런데 우연히 부동산 경매를 통해 수익을 내고 있는 한 지인의 투자 방식을 보고 돈을 보는 관점이 바뀌었다고 한다. 그는 뒤늦게나마 투자 없이 절약만으로는 부자가 될 수 없다는 것을 깨닫고 그동안 모은 돈을 좋은 부동산 물건을 볼 수 있는 안목을 키우는 데 과감하게 투입했다.

돈을 쓰는 일에 익숙하지 않아 '이렇게 큰 비용을 써도 될까?' 하는 의구심은 들었지만 그는 아낌없이 배움에 투자했다. 또 전문가에게 정보를 얻기 위해 많은 돈을 썼다. 시간이 흘러 그는 돈과 시간을 쓴 만큼 좋은 물건을 볼 수 있는 힘을 갖게 되었고, 절약만 하던 시절보다 부동산 투자로 단기간에 더 큰돈을 벌 수 있었다. 만약 그가 돈을 아끼겠다고 자신에게 투자하지 않고 모으기만 했다면 어떻게 되었을까? 나중에 좋은 기회가 와도 그냥 놓쳤을 것이다.

돈은 모으는 것도 중요하지만 잘 쓰는 것도 중요하다. 돈을 잘 쓰는 것은 삶의 지혜가 필요한 영역이다. 벌기는 힘들어도 쓰는 것은 쉽다고 하지 않던가? 절약을 하는 이유는 훗날 풍요로운 삶을 살기 위해서다. 무엇이 낭비고, 무엇이 투자인지 분별할 수 있는 능력을 갖춰야 한다. 부자들은 돈을 쓸 때 단 1원도 의미 없이 쓰지 않는다. 돈을 사용하는 이유가 적합할 때만 사용한다. 예를 들어 밥을 살 때도 이유 없이 사지 않는다. 하지만 대부분의 사람들은 지갑에서 돈이 나갈 때 여러 번 고민하지 않고 즉흥적으로 결정한다. 심지어 상황이 어려울 때도 "밥값은 제가 내야 마음이 편하더라고요." 하는 사람도 많다.

카드 값에 휘둘리고 마음이 힘들다면 소비에 대한 충동을 잘 조절하지 못하는 건 아닌지 점검할 필요가 있다. 우선 '현재의 재정 상태에 만족하는가?' '내가 이 돈을 지금 쓰더라도 즐거운 마음을 계속 유지할 수 있는가?' 하고 자신에게 물어보면 도움이 된다. 이 질문에 답하기 어렵다면 이 책을 통해 배우면 된다. 재정을 지혜롭게 관리하는 부자들의 비법을 그대로 자신에게 적용하면 된다. 구두쇠처럼 인색하게 살라는 것이 아니다. 현명하게 소비를 통제하고 더 큰 수익을 얻을 수 있는 곳에 돈을 써서 풍요롭게 살자는 것이다. 이렇게 하면 소비에 대한 균형감각을 찾게 되고, 부자가 될 수 있다는 자신감도 얻게 된다.

지금 이 순간에도 부자로 살 수 있는 수많은 기회가 당신의 머리 위로 계속 지나가고 있다. 그 기회를 놓치고 싶지 않다면 아낄 때는 아끼고 쓸 때는 쓰는 진짜 부자들의 절약 비결을 배워보자. 가슴이 아닌 머리로 돈을 사용하고 관리한다면 돈의 주인이 되어 진짜 부자로 살아갈 수 있다.

수입과 지출의
흐름을 점검하자

"매월 평균 수입과 지출이 얼마인가요?"

고객의 재정을 관리할 때 꼭 물어보는 질문이 몇 가지 있다. 그중에 하나가 바로 수입과 지출에 대한 규모를 확인하는 내용이다. 그런데 이 질문을 하면 명확한 대답을 하지 못하는 경우가 많다. 특히 맞벌이부부의 경우 사생활 존중을 위해 서로의 수입을 아예 묻지 않기도 한다. 그러나 수입과 지출을 모르면 자산을 늘릴 수 있는 방법을 정확히 알려줄 수 없다. 수입과 지출의 흐름을 파악하는 것이 재정관리의 첫걸음이기 때문이다.

요즈음은 결혼을 준비하는 커플도 성공적인 재정관리를 위해 컨설팅을 신청하곤 한다. 필자는 예비부부와 상담할 때마다 수입과 지출을 정리해서 결혼 전에 공유하는 것이 좋다고 조언한다. 결혼 전에 서로의 수입과 지출을 알게 되면 자연스럽게 결혼 후 어떻게 재정을 관리할지 그림이 그려진다. 수입뿐만 아니라 지출 내역도 꼼꼼히 파악해야 한다. 만약 결혼 전에 수입만 공유하고 지출을 알지 못하면 '빛 좋은 개살구'가 될 수 있다. 배(수입)보다 배꼽(지출)이 더 커서 적잖게 실망하는 커플을 많이 보았기 때문이다.

부자들은 수입과 지출에 대한 흐름을 정확히 알고 있다. 당연한 이야기지만 지출이 수입보다 적어야 자산이 늘어날 수 있다. 이와 반대되는 상황이 지속되면 모이는 자산이 없다 보니 인생도 마이너스가 되어간다.

필자가 은행에서 근무할 때 개인을 상대로 하는 대출업무를 맡은 적이 있다. 개인대출이란 금융기관이 개인의 자산이나 신용을 검토해 돈을 빌려주는 것을 말한다. 대출상품은 크게 신용대출과 담보대출로 나뉘는데 담보대출은 본인 소유의 집과 땅, 건물을 담보로 대출을 받는 반면, 신용대출은 담보하는 물건 없이 개인의 신용에 따라 차등되는 금리를 적용받는다. 개인의 신용점수와 직장, 소득 등을 분석한 신용도에 따라 대출 심사를 하기 때문에 대출이 거절되는 경우도 종종 있다. 금리도 평균적으로 신용대출이 담보대출보다 높다. 담보할 물건이 없어 금융기관의 위험 부담이 더 크기 때문이다. 담보할 물건이 많은 부자들은 대출 금리도 일반인보다 훨씬 낮게 이용할 수 있다.

돈이 필요할 때 담보 물건이 없으면 신용대출을 받아야 한다. 대출 신청 내역을 보면 사유가 참 다양한데, 그중 개인적으로 제일 안타깝게 생각하는 유형은 주식 투자를 위해 신용대출을 받는 경우다. 이 목적으로 대출을 받으면 대체로 잘 갚지 못한다. 오히려 추가적으로 대출을 받을 수 있는지 확인하는 전화가 많이 온다. 대부분 '한 방'을 기대하며 투기에 가까운 투자를 해서다. 투자에 투입하는 자원이 여유 자금이 아닌 이자를 내야하는 대출이라면 심리적으로 조급해지기 마련이다. 냉정하고 차가운 마음으로 시작해도 어려운 게 주식인데, 이쯤 되면 매 순간 도박하는 심정으로 주식을 사고팔게 된다.

직장인들과 재정관리 상담을 하면 의외로 자신의 연소득이 정확히 얼마인지 잘 모르는 경우가 많다. 심지어 세전, 세후 기준으로 월 급여가 얼마인지 모르겠다는 사람도 있다. 그냥 통장에 카드 값과 공과금 등이 빠져나간 후 남은 잔액으로 대충 생활하고 있다고 한다. 이렇게 재정관리를 하면 빚만 빠르게 늘어날 뿐이다.

부자로 살고 싶다면 늘 세심하게 수입과 지출의 흐름을 파악해야 한다. 그래서 필자는 강의를 할 때마다 무엇보다 수입과 지출부터 파악하라고 강조한다. 대기업에 다니고 남들보다 연봉이 많다고 해서 자산이 더 빨리 늘어나는 것이 아니다. 번 것보다 적게 쓸 줄 아는 습관을 가질 때 자산의 증가 속도는 빨라진다. 연소득의 규모는 중요하지 않다. 연소득이 3천만 원일 때부터 자산을 잘 관리한 사람이 나중에 연봉이 억 단위로 늘어나도 자산을 잘 관리할 수 있다. 반대로 연소득이 3천만 원일 때부터 빚이 많았다면 나중에 연봉이 억 단위가 되어도 상황은 비슷할 것이다.

결혼 후 재정관리를 남편이 전부 맡아서 했다는 30대 여성 고객이 있었다. 남편에게 매월 용돈을 받고 살림만 해서 세상 물정에 어두웠다. 그러다 사고로 남편이 사망했는데, 갑자기 생긴 거액의 보험금이 화근이 되었다. 주변에서 목돈이 생긴 것을 알고 빌려달라고 하고, 잘 알지 못하는 곳에 투자하라고 권유했던 것이다. 직업도 없던 고객은 순진하게 이 말을 믿었고, 결국 보험금 5억 원을 거의 다 잃었다. 이처럼 상담을 하다 보면 순식간에 큰돈을 잃었다는 사람을 심심찮게 만나게 된다. 이들의 공통점은 돈을 관리하는 능력은 없고 쓰는 것만 할 줄 안다는 것이다.

'모르는 게 약'이라는 말도 있지만 돈 관리 방법을 모르는 것은 삶에 독이 된다. 쓰는 법만 아는 사람은 로또에 당첨되어도 수십억 원의 돈을 단기간에 탕진하게 된다. 어쩌면 재무관리 경험이 없는 사람에게 로또 당첨은 행운이 아니라 독일지 모른다.

돈을 잘 관리한다는 것은 단순히 수입과 지출을 나열하는 것이 아니다. 현재와 미래를 연결하는 계획을 세우는 것이다. 따라서 돈을 관리하는 일은 인생을 관리하는 것과 같다. 재무관리가 복잡한 것 같고, 숫자로 하는 일이 적성에 맞지 않다고 말하는 사람도 있지만 이것도 자신이 만든 한계일 뿐이다. 돈 관리는 누구든지 배울 수 있고, 누구든지 할 수 있다.

공자는 "평생의 계획은 어릴 때에 있고, 1년의 계획은 봄에 있으며, 하루의 계획은 새벽에 있다."라고 했다. 우리는 모두 각기 다른 환경에서 태어났다. 살다 보면 환경에 지배받지 않고, 인생을 더 나은 방향으로 바꿀 수 있는 기회가 분명히 온다. 척박한 환경에서 자랐지만 슈퍼리치가 되어 부를 늘려가는 사람들이 있는 반면, 부유한 환경에서 태어났어도 어리석은 선택으로 재산을 탕진하는 사람들도 있다. 즉 현재 가진 자산도 중요하지만 돈의 노예가 되고 싶지 않다면 내면의 자기 통제권부터 키워야 한다.

예산 계획을 짜기 전에 지출 내역을 고정비용과 변동비용으로 구분해 정리해보자. 집세나 공과금은 고정비용이 될 것이고, 의류비나 식비는 변동비용이 될 것이다. 고정비용을 줄이는 것은 쉽지 않지만 변동비용에 포함되는 수수료나 소비 영역은 수월하게 줄여갈 수 있다. 이렇게 지출 영역을 꼼꼼히 정리하면 무심코 놓치고 있던 부분을 찾을 수 있다. 예를 들어 은행 수수료가 꾸준히 나가고 있다면 줄일 수 있는 방법을 찾아보면 된다. 문제를 발견하면 문제 속에서 답을 찾을 수 있다. 내 돈이 정확히 어디로 어떻게 빠져나가는지 알게 되면 돈 관리가 훨씬 수월해질 것이다.

이제부터 부담을 덜어내고 돈 관리가 누구나 쉽게 할 수 있는 일이라고 생각해보면 어떨까? 수입과 지출 영역을 잘 정리하기만 해도 자신감이 생길 것이다. 요즈음은 스마트폰만 있으면 가계부 정리 애플리케이션으로 손쉽게 자금 계획을 세울 수 있다. 일주일에 한두 번이라도 수입과 지출 내역을 정리하는 습관을 길러보자. 습관은 우리 뇌가 일을 효율적으로 할 수 있도록 하기 위한 하나의 방편이다. 돈 관리를 습관화하면 복잡한 개인 재무관리도 익숙한 일을 처리하는 것처럼 수월하게 할 수 있다.

미국 원주민들 사이에 전해지는 이야기가 있다. 인간의 마음 속에는 두 마리의 개가 사는데, 한 마리는 온순하고 다른 한 마리는 심술궂다. 심술궂은 개는 항상 온순한 개에게 먼저 싸움을 건다. 과연 둘 중 어느 개가 싸움에서 이길까? 답은 '내가 먹이를 많이 주는 개'다. 부자가 되기 위해 노력하는 우리의 마음속에도 두 마리의 개가 다투고 있다. 돈을 함부로 탕진하는 심술궂은 개가 아닌, 미래의 재정을 지킬 수 있는 온순한 개에게 먹이를 준다면 우리의 삶은 풍요로워질 것이다.

시작이 반이다. 인생에서 절대 늦은 때란 없다. 무언가를 해야겠다고 마음먹었다면 즉시 실행에 옮기자. 바로 그때가 인생의 가장 빠른 때다. 수입과 지출에 대한 흐름을 정확히 아는 것. 이것이야말로 마이너스가 아닌 플러스 인생으로 나아가는 첫걸음이다.

목표는 다트판이 아닌 지도에서 찾아야 한다

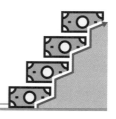

하버드 MBA 과정 재학생을 대상으로 '목표 설정에 관한 연구'가 진행된 적이 있다. 프로젝트 참가자들 중 재학 시절 뚜렷한 목표를 바탕으로 구체적인 방법을 설정한 학생은 3%였고, 나머지 97%는 별다른 목표와 계획이 없었다. 흥미로운 것은 그들의 졸업 후 수입이다. 목표와 계획이 뚜렷한 3%의 수입이 나머지 학생들보다 무려 10배 이상 많았던 것이다. 같은 환경에서 공부했지만 3%의 학생들은 목표와 계획에 따라 단단하게 변화를 이끌어나갔다. 이들은 '목표'라는 미래를 개척하는 나침반을 가지고 부의 지도를 읽는다.

무일푼으로 성공한 전형적인 자수성가형 백만장자 브라이언 트레이시(Brian Tracy)는 과거 그 누구보다 비참한 생활을 했다. 가정환경이 어려워 고등학교를 중퇴한 그는 접시닦이, 벌목공, 주유소 주유원, 화물선 잡역부 등을 전전하며 낡은 중고차를 보금자리 삼아 추운 겨울을 보내기도 했다. 그러다 세일즈 일을 시작하면서 그의 인생이 조금씩 달라지기 시작했다. 그는 A4 용지에 무작정 꿈과 목표를 적고 이를 행동으로 옮겼는데, 처음에 그가 적었던 목표는 방문 판매를 통해 매달 1천 달러를 번다는 것이었다. 30일 후 거짓말처럼 그의 인생은 송두리째 뒤바뀌게 된다. 판매 실적을 비약적으로 높이자 매달 1천 달러의 월급을 받으며 판매사원을 교육하는 일을 맡게 된 것이다.

그 후로도 브라이언 트레이시는 꾸준히 '세계적인 컨설턴트' '베스트셀러 작가' '동기부여가' '회사 설립' 등의 목표와 계획을 A4 용지에 적고 실천했다. 때로는 실패를 경험하기도 했지만 그때마다 그는 다시 자리에 앉아 구체적인 실천 방안을 모색했다. 이렇게 해서 탄생한 것이 바로 '브라이언 트레이시의 목표 설정 기법'이다.

경영인이 되길 바라고 성공을 꿈꾸는 전 세계 수많은 이들이 그의 '성공학'에 열광하는 이유는 그가 누구보다도 많은 실패를 경험하고 극복했기 때문이다. 한마디로 그의 인생 자체가 역전의 드라마이자 성공학의 교재인 것이다. 브라이언 트레이시는 이렇게 말했다.

"성공도 우연이 아니고 실패도 우연이 아니다. 성공하는 사람은 성공에 이르는 일을 하는 사람이고, 실패하는 사람은 그런 일을 하는 데 실패한 사람이다."

비전 없이는
성공도 없다

인생을 성공적으로 디자인하고 싶다면 명확하고 구체적인 목표를 세워야 한다. 목표와 함께 스스로를 뛰어넘는 전략을 갖춘다면 인생의 큰 그림을 그릴 수 있다.

자산관리 업무를 은행에서는 세일즈 파트로 분류한다. 10년 이상 금융권 영업 파트에서 근무하다 보니 필자 역시 일을 시작할 때 목표와 달성 방안을 세우는 습관을 갖게 되었다. 영업은 아무래도 성과가 중요하다 보니 일간, 주간, 월간, 연간 단위로 목표가 주어진다. 이때부터 목표를 이루고 좋은 성과를 얻기 위해 브라이언 트레이시처럼 매일 전략을 세웠다. 그 결과 HSBC(홍콩상하이은행)에서 상위 1% 직원에게 수여하는 특별성과금을 받았고, 아시아 우수 직원으로 선정되는 쾌거를 이룰 수 있었다.

비전은 우리 눈에 보이지 않지만 성공으로 가는 방향을 제시한다. 큰 성공을 이룬 사람은 주변 사람들에게 이런 말을 자주 듣는다.

"말도 안 된다."
"네 현실을 봐. 그게 가능할 것 같아?"

주변에서 이런 반응이 나올 만큼 목표는 크게 세우는 것이 좋다. 즉 달성할 수 있는 목표의 기준점을 100%가 아닌 2~3배 이상 높게 잡는 것이 중요하다. 월급을 받는 만큼 일하겠다는 소극적인 태도를 버리고 자신의 분야에서 최고가 되겠다는 꿈을 꿔야 한다. 성공의 크기는 자신의 생각의 크기만큼 정해지기 때문이다.

시간이 얼마나 빨리 흘렀는지 결혼한 지 벌써 10여 년이 지났다. 결혼을 준비하면서 부모님의 도움을 받지 않고 두 사람만의 힘으로 소박한 신혼집을 준비했다. 그런데 딸이 태어나면서 좀 더 넓은 집이 필요해졌다. 그때부터 우리 부부는 딸을 유모차에 태우고 산책하듯이 임장을 다녔다. 매일 아파트 단지를 거닐며 목표를 시각화했다. 더 좋은 집으로 이사하고 싶은 마음을 확고히 하면서 남편과 함께 새로운 재정 목표를 세웠다. 생각의 크기를 키워 넓은 집으로 이사를 가겠다는 목표를 세우니 꿈은 곧 현실이 되었다.

> "목표를 지나치게 높이 잡아 그 목표를 달성하지 않는 것보다, 목표를 지나치게 낮게 잡아 무난히 달성하는 것이 더 위험한 법이다."

르네상스 시대의 천재 조각가 미켈란젤로 부오나로티(Michelangelo Buonarroti)의 말이다. 인생의 목표를 크게 설정할 수 있는 담대한 눈을 가지면 방법을 찾게 된다. 그래서 부자들은 다트판을 보지 않고 지도를 본다. 작은 다트판에 만족하지 않고 크고 넓은 꿈의 지도를 그린다.

세상에 돈은 정말 많다. 만약 한정된 파이를 나눠 먹는 데 만족한다면 부자가 될 수 없을 것이다. 작은 파이에 만족하지 않고 부의 지도를 따라 발을 내딛는 용기를 가져야 한다. 그러니 고된 현실을 탓하지 말고 자신의 잠재력을 믿고 목표를 크게 갖자. 잠재된 무한한 능력을 펼치면 더 이상 부자들의 삶을 부러워하지 않아도 된다. 부자로 살아가는 것은 특별한 사람만 누리는 혜택이 아니다. 누구나 부자로 살아갈 수 있는 힘을 갖고 태어났다. 부자로 살아가는 것은 당당한 '나'의 권리를 찾아가는 과정이다.

예측 불가능한 인생을 살고 있지만 비전과 목표가 명확하면 어떻게 살아야 할지 방향성이 분명해진다. 방향성이 분명하면 지금보다 더 나은 삶을 살게 되고, 가보지 않은 길도 갈 수 있게 된다. 『꿈이 나에게 묻는 열 가지 질문』의 작가 존 맥스웰(John Maxwell)은 이렇게 말했다.

"꿈을 실행하기에 앞서 미리 모든 것을 세세하게 계획해둬야 한다는 말은 아니다. 오히려 그것은 잘못된 생각이다. 생각의 큰 틀은 분명하되 나머지는 꿈을 이뤄나가면서 계획하고 수정해야 한다. 단 중요한 꿈에 대해서는 가능한 한 미리 자세하게 구체화하는 것이 나을 수도 있다."

가슴 뛰는 비전을 가진 사람은 초라한 현실에 시선을 두지 않는다. 비전이 만개할 미래를 가슴에 품고 지향점을 향해 나아가자. 비전이 이끄는 삶을 사는 것. 이러한 삶을 살게 될 때 비로소 부의 지도가 당신을 보물이 있는 곳으로 안내할 것이다.

돈을 지배하는 31가지 부의 도구

문제 속에서
해답을 찾아라

'운칠기삼'이란 말이 있다. 인생에 있어 운이 7할이면 노력은 3할이라는 뜻으로, 쉽게 말해 운 좋은 사람이 최고라는 것이다. 세상의 운은 다 갖고 태어난 사람을 볼 때면 우리는 이렇게 이야기한다.

"걔는 진짜 운이 좋아. 돈도 잘 벌고 결혼도 잘했어. 해외여행도 자주 다니고 말이야."
"그러게, 걔를 볼 때면 부러워. 나는 그동안 뭐했나 싶고. 왜

나는 열심히 하는데 안 되는 걸까?"

"다 운이 좋아서 그래."

이렇게 누군가의 성공에 대해 쉽게 이야기하면서 애써 '운' 때문이라고 생각한다.

"나도 운 좋은 사람이 되고 싶어."

이처럼 모든 것을 '운'에 연결하며 자신의 운명을 탓한다. 잘 나가는 사람을 볼 때면 더욱 그렇다. 필자는 자산관리 일을 하면서 소위 엄청난 성공을 거둔 사람을 많이 만났다. 그러한 부자들은 운을 대하는 태도부터 달랐다. 성공의 경험이 많을수록 나쁜 운도 좋게 만들 수 있다는 진취적인 태도를 갖고 있었다.

운을 지배하는
긍정의 마인드

중소기업을 운영하는 50대 중반의 A고객은 무려 300억 원 이상의 자산가다. 그녀는 어디서든 상대방을 배려하는 좋은 성품을 갖고 있어 상담하는 날이면 필자도 기분이 좋아졌다. 하루는 그녀가 필자에게 '이 대표'라는 지인을 소개해주기 위해 자리를 마련했다.

> "이 대표는 내가 알고 지낸 지 벌써 20여 년이 지났는데, 하는 일마다 다 잘 풀리는 사람이에요. 운이 정말 좋은 것 같아 내가 친하게 지냅니다."

그러자 이 대표라 불린 지인은 온화한 미소와 함께 이렇게 이야기했다.

> "사람들이 저에게 운이 좋다고들 이야기해요. 그런데 저는 운명을 믿지 않고 운을 벌기 위해 노력을 많이 합니다."

그렇다. 운에 의해 운명이 결정된다고 믿지 않고, 노력과 열정으로 운을 잘 경영할 수 있다고 믿는 태도. 바로 이것이 운을 지배하는 긍정의 마인드다. 일본의 '살아 있는 경영의 신'이나모리 가즈오(Inamori Kazuo)도 "성공과 실패는 행운이나 불운에 달려 있지 않다. 본인의 긍정적인 생각과 지독한 실천적 노력에 달려 있다."라고 이야기했다.

부자들은 매순간 발전하는 삶을 살기 위해 노력하고 있다. 실제로 주변에 운 좋은 사람들을 관찰해보면 어제보다 나은 오늘을, 오늘보다 나은 내일을 살기 위해 노력하는 모습을 볼 수 있다. 그래서 과거에 집착하거나 미래를 심각하게 걱정하지 않는다. 현재에 충실하고, 오늘 할 일에 집중한다. 주어진 하루를 신에게 받은 선물로 생각해 최선을 다해 살아간다. 운을 잘 경영하는 사람은 긍정적인 생각과 적극적인 삶의 자세로 세상의 판도를 바꾸고 있다.

요식업으로 성공한 40대 B고객은 긍정의 마인드와 노력으로 스스로 운을 경영했다. 평범한 직장인이었던 B고객은 평소 지인들을 자주 집으로 초대해 맛있는 음식을 대접하곤 했는데, 솜씨가 워낙 좋아 업으로 삼아도 좋겠다는 이야기를 자주 들었다. 미식가인 지인들에게 칭찬을 받자 B고객은 요리에 더욱 자신감이 붙었다. 일식에 관심이 많았던 그는 본격적으로 일본 요리를 제대로 배워 인생 2막을 시작할 사업을 준비했다.

B고객은 곧바로 지인에게 일본의 요리 장인을 소개받아 3년 동안 조리법을 배웠다. 바닥부터 제대로 배운 덕분에 요식업에 필요한 기술을 몸으로 터득했고, 한국으로 돌아와 성황리에 일식 전문점을 오픈할 수 있었다. 가게를 운영한 지 3년 만에 큰 성공을 거둔 B고객은 자신의 성공에 대해 이렇게 말한다.

"태어날 때부터 운 좋게 태어나는 사람은 없는 것 같아요. 운에 인생을 의지하지 않고, 끊임없이 노력하니 삶이 점점 나아졌어요. 원하는 것을 이루겠다는 마음으로 살아가니 저절로 좋은 사람들을 많이 만나게 되더라고요. 돈이 아닌 운을 벌 수 있는 환경을 만들기 위한 노력이 제가 단기간에 성공한 비결입니다."

누군가는 B고객의 성공을 "요리 실력도 재능인데 그냥 재능이 좋았던 거 아니야?" "일본의 요리 장인을 소개받아서 성공한 거 아니야?" 하고 폄훼할지 모른다. 하지만 그의 성공 비결은 '운을 벌 수 있는 환경'을 만들기 위한 노력에 있었다. 재능이 있다 하더라도 잘 다니던 직장을 관두고 무일푼으로 밑바닥부터 시작하는 건 다른 문제다. 또 운 좋게 좋은 스승을 소개받았다 하더라도 한국의 삶을 포기하고 일본으로 건너가 3년 동안 요리를 배우는 것 역시 큰 용기를 필요로 하는 일이다. 그러한 노력과 결단이 없었다면 아무리 운이 좋아도 지금의 성공은 이루지 못했을 것이다.

모두가 성공을 꿈꾼다. 그러나 꿈꾸는 것만으로는 부족하다. 성공의 과정에는 지옥과도 같은 고통이 도사리고 있기 때문이다. 이러한 이치로 세상에는 '성공자'가 소수인 것이다. 성공자들은 처음부터 성공이 쉽지 않다는 것을 알고 있었다. 그래서 좌절과 실패를 맛보더라도 주저앉지 않고 전진했다. 때때로 사업에 실패해 인생의 쓴맛을 봤다는 고객을 만나게 된다. 그러나 이들은 스스로 억울한 인생이라고 생각하지 않았다. 오히려 좌절과 실패에도 포기하지 않고 성공의 기회를 잡기 위해 노력했다.

운은 눈에 보이지 않지만 분명 존재한다. 아무런 노력 없이 내 인생에 행운이 찾아와주길 바라는 사람에게 운은 비껴간다. 운에 끌려다니지 말고 적극적인 자세로 행운의 주인공이 되어보자. 부자로 태어나지 않았더라도 운명의 흐름을 바꾸면 부자로 살아갈 수 있다. 운을 지배하는 긍정의 마인드로 스스로 하늘도 돕는 성공자가 되어보자.

성공자는
실패에서 배운다

인생은 선택의 연속이다. 어떤 선택을 했는지에 따라 삶의 방향과 속도가 달라진다. 인생이 객관식 문제라면 문제 하나에 답도 하나겠지만 인생은 이렇게 딱 떨어지는 답이 없다. 나이를 먹고 경험이 늘어날수록 정답이 하나가 아닐 수 있다는 생각을 하게 된다. 그래서 인생이 주는 질문에 현명한 답을 찾는 사람을 솔로몬과 같은 '지혜자'라고 부른다.

고객의 자산을 관리하는 일을 하다 보면 시장이 출렁일 때마다 불면증에 시달릴 만큼 괴로움을 느낀다. 세계 경제가 흔들리면서 고객의 수익률이 하락할 때면 변동성이 심한 금융 시장에서 내 힘으로 통제할 수 있는 일은 거의 없다는 것을 다시 한번 뼈저리게 깨닫는다. 그런데 어려운 시기일수록 지혜로운 고액 자산가들은 흔들리지 않고 자신만의 생각과 방식을 따른다. 현명한 선택을 위해 자신에게 유리하고 도움이 될 수 있는 방향으로 전문가의 조언을 받아들인다. 즉 대중의 의견이 아닌 자신의 생각과 기준을 따르며, 전문가에게 도움을 받아 문제 속에서 해답을 찾는다.

시장이 흔들릴 때 통제할 수 있는 유일한 것은 내 '생각'뿐이다. 부자들은 이 사실을 몸으로 체득한 사람들이기에 단기간 시장이 요동쳐도 흔들리지 않는다. 머리로만 아는 것과 경험이 함께한 것은 가치가 다르다. 세월의 가치를 아는 현명한 사람은 문제가 발생하면 해결 방안부터 모색한다.

2020년 코로나19 사태로 변동성이 커지자 필자는 C고객에게 전화해 상황을 설명했다. C고객은 중견기업체의 대표이자 오랫동안 필자를 믿고 자산관리를 맡긴 50대 후반 VIP 고객이었다.

"대표님, 금융 시장의 변동성이 커지고 있어서 연락을 드렸습니다. 상품 수익을 리뷰해드릴게요."

"그래요? 내 투자상품의 수익은 어떤가요?"

"코로나19로 인해 투자하신 상품의 수익률이 단기간에 20% 이상 하락했습니다."

"음, 시장이 하락하니 걱정은 되지만 그래도 생각보다 하락폭이 크지 않네요. 일단 상황을 지켜보면서 오 대표가 어떻게 하면 좋을지 알려주세요."

자산관리를 하다 보면 다양한 변수를 맞닥뜨리게 된다. 그중에 하나가 바로 금융 시장의 급격한 하락이다. 뉴스에서 시장 하락에 대한 기사를 접하게 되면 고객의 반응은 두 가지로 나뉜다. 하나는 왜 이런 상품을 추천해주었는지 항의하는 것이고, 다른 하나는 C고객처럼 차분하게 문제를 해결할 수 있는 방법에 대해 조언을 구하는 것이다. 투자 경험이 많은 사람은 시장의 등락에 일희일비하지 않는다. 자산의 하락뿐만 아니라 수익이 나고 있을 때도 이유를 알고 싶어 한다. 이러한 행동 양식은 언제나 변함없이 올바른 판단을 할 수 있도록 돕는다.

사실 기회는 늘 위기와 함께했다. 1997년 IMF 외환위기, 2008년 글로벌 금융위기, 2020년 코로나19, 미·중 무역전쟁 등 경제가 큰 폭으로 침체된 다음에는 어김없이 대세 상승장이 찾아왔다. 살다 보면 위기는 언제든 찾아올 수 있다. 금전적인 문제일 수도 있고, 건강상의 문제일 수도 있다. 위기가 찾아오면 문제를 처리하기 위해 힘쓰면 된다. 원인과 이유를 찾는 데 시간을 할애하면 문제가 더 커질 뿐이다. 특히 금전적인 부분에 문제가 생겨 자산의 가치가 하락할 때일수록 손실이 난 부분에 대한 평가를 빨리 해야 한다. 문제의 해답은 위기 속에 있다. 현명한 선택을 하고 싶다면 문제 속에 답이 있음을 기억해야 한다.

일본에 처음으로 정수기를 개발한 미쓰비시레이온이라는 회사가 있다. 최초의 정수기는 공정 과정의 작은 실수에서 탄생했다. 섬유를 만드는 공정에서 열처리 과정의 실수로 직물에 구멍이 생겨 실이 하얗게 변하는 일이 생겼다. 공정의 책임자는 구멍 난 실에 흥미를 느낀 나머지 종업원을 야단치는 것도 잊었다. 그는 문득 이런 생각을 했다.

'이 구멍투성이 실을 어디엔가 활용할 수 있을 것 같은데.'

책임자는 종업원에게 구멍 난 실을 더 많이 만들라고 지시했다. 그런데 문제가 생겼다. 구멍투성이 실을 활용할 용도를 찾지 못한 것이었다.

'이 실을 어디에다 쓰면 좋을까?'

책임자가 고민에 빠진 사이 한 연구원이 이렇게 제안했다.

"병원에서 수술용으로 사용하면 어떨까요? 수술실에 들어가기 전에 외과의사는 손을 깨끗이 씻어야 합니다. 하지만 물에는 세균이나 박테리아가 가득하니까 환자에게 나쁜 영향을 줄 수도 있잖아요? 이 구멍 뚫린 섬유로 만든 천을 수도꼭지 밑에 달면 수돗물이 떨어질 때 박테리아나 세균이 천에 걸러질 거예요."

연구원의 아이디어로 미쓰비시레이온은 곧 구멍 뚫린 실을 이용해 여과기를 만들었다. 여과기는 출시되자마자 폭발적인 인기를 끌었고, 이를 계기로 지금의 정수기가 만들어졌다.

이처럼 성공자는 실패 속에서 새로운 기회를 찾는 유연한 사고를 한다. 모든 일이 그렇듯이 자산관리도 경험이 중요하다. 투자 경험이 많을수록 올바른 원칙을 세울 수 있다. 투자의 고수는 원칙을 바탕으로 시장의 움직임을 읽어내는 반면, 투자의 하수는 한두 번 실패하면 두려움을 느낀 나머지 투자를 포기한다. 실패가 두려워 투자를 하지 않는 하수와 달리 고수는 실패한 투자에 미련을 두지 않는다. 이처럼 부자는 인생을 담는 그릇의 크기가 다르다. '실패는 성공의 어머니'라는 말처럼 실패와 실수 속에서 기회를 찾기 때문이다.

30억 원 이상의 금융자산을 보유한 60대 D고객은 '실패하지 않는 투자' '이기는 투자'를 하기 위해서는 수익 계정과 손실 계정을 분리해야 한다고 조언한다. 투자를 하는 이유는 수익을 얻기 위해서지만 신이 아닌 이상 늘 원하는 결과를 얻을 수는 없다. D고객은 이 사실을 솔직하게 인정했기에 투자에 성공할 수 있었다고 말한다. 매달 배당을 받는 상품에 가입한 D고객은 꾸준한 이자 수익으로 투자에 대한 만족감을 높였다. 간혹 손실이 나면 조금씩 정리하지 않고 한꺼번에 정리해 심리적인 충격을 줄였다. 대부분의 사람들은 손실을 경험하면 당황하고 평정심을 잃게 된다. 그러나 D고객은 수익 계정과 손실 계정을 분리해 평정심을 유지했다. 이 방법을 통해 변동성이 큰 시장에서도 흔들림 없이 바람직한 방법으로 투자를 지속할 수 있었다고 한다.

수익이 나면 투자자들은 자신의 판단이 옳았다고 생각한다. 하지만 판단력이 좋은지 나쁜지는 수익이 아닌 손실을 경험했을 때 알 수 있다. 위기 상황에서 자신이 내린 선택을 통해 진짜 문제해결력을 엿볼 수 있다. 원인을 분석하고 다음 단계에 어떤 선택을 할지 고민해봄으로써 손실 계정에 대한 해결책을 찾아갈 수 있다. 하지만 문제를 보지 않고 손실이라는 결과만 보게 되면 '남 탓' '상황 탓'만 하다가 투자를 포기하게 될지 모른다.

물론 좋은 상품을 추천하고, 고객의 상황에 맞는 포트폴리오를 제공하는 것은 자산관리를 하는 사람의 기본적인 업무다. 그러나 365일 늘 수익이 날 수는 없다. 지속적으로 좋은 투자를 하기 위해서는 손실의 순간을 잘 헤쳐 나가야 한다. 문제를 잘 해결하는 것도 잘 훈련된 내면의 결과물이다. 감정 기복이 심한 사람은 문제가 생기면 해결책을 찾기보다는 문제 그 자체에 마음을 쏟는다. 그래서 더 큰 문제로 확대 해석하느라 해결책을 고려하기 힘들다. 반면 해결점을 찾기 위해 노력하는 사람은 문제의 해답에 가까워지기 위해 끊임없이 노력한다.

이처럼 유익한 선택을 하기 위해서는 생각의 방향점을 잘 잡아야 한다. 돋보기로 빛을 한곳에 집중하면 발화점이 생기듯 문제를 해결하는 데 모든 집중력을 쏟아야 한다. 끈기와 집중력이 강한 사람은 그렇지 않은 사람보다 성공할 확률이 높다. 인내심은 문제를 해결할 수 있도록 돕는 반면, 조바심은 생각하는 것을 포기하게 만든다. 따라서 장애물이 아닌 문제 해결에 집중할 필요가 있다. 마음의 주파수를 문제가 아닌 해결책을 찾는 데 맞추면 성공자가 될 수 있다.

모든 결과에는
과정이 있다

"인생은 우리가 하루 종일 생각하는 것으로 이뤄져 있다."

이는 시인 랄프 에머슨(Ralph Emerson)의 말이다. 지금 무엇을 생각하느냐에 따라 우리의 인생도 충분히 달라질 수 있다. 따라서 한정된 시간과 에너지를 어떻게 사용할지 결정해야 한다. 살다 보면 문제는 끊임없이 생긴다. 문제가 아닌 해결책을 찾을 때 깨달음을 얻을 수 있다. 그러면서 동시에 앞으로 나아갈 수 있는 힘을 가지게 된다.

부자가 되고 싶다면 부자로 살아갈 수 있는 방법을 배우면 된다. 모든 결과에는 그에 맞는 과정이 있다. 힘든 현실을 피해 도망치는 사람이 되지 말자. 성공자가 소수인 이유는 대부분의 사람은 문제가 생기면 두려워서 피하기 때문이다. 도망쳐서는 안 된다. 인생의 중요한 문제일수록 문제 해결은 남이 아닌 내가 해야 한다.

삶의 문제에 봉착했을 때 나만의 답안지를 갖고 있다면 성공에 가까워질 수 있다. 특별히 인생의 과감한 선택을 해야 할 때에 이러한 답안지는 더욱 빛을 발한다. 마음의 통제력을 갖추면 타인의 생각에 흔들리지 않게 된다. 기준이 쉽게 흔들리지 않으면 당신의 재정과 삶도 쉽게 흔들리지 않을 것이다.

부를 만드는 세 가지 습관

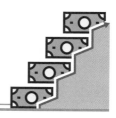

앞서 부자가 되고 싶다면 부자로 살아갈 수 있는 방법을 배우라고 조언했다. 방법을 배우기에 앞서 우선 부자들이 지닌 공통된 습관부터 알아보자. 부를 만드는 세 가지 습관은 각각 '신문 정독' '경청의 자세' '적극적인 자녀 경제교육'이다. 높은 금융 지능과 근면함, 절약 습관, 뚜렷한 목표 의식, 운을 대하는 태도도 중요하지만 부자가 되고 싶다면 이 세 가지는 반드시 명심해야 한다.

부자들만 아는
부의 습관

1. 신문 정독

필자가 근무하던 은행은 세계 최고 수준의 자산관리 서비스로 정평이 나 있던 곳이었다. 그곳은 글로벌 기업답게 늘 발 빠른 정보를 고객에게 제공했는데, 이 때문에 해외에 거주한 경험이 있는 고객은 국내 은행보다 외국계 은행을 더 신뢰했다. 이처럼 외국계 은행은 시중은행에 비해 양질의 정보를 빠르게 고객에게 제공한다는 장점이 있다. 그러나 이제 금융기관에서 제공하는 정보만으로는 부족한 시대가 되었다. 또 은행으로부터 좋은 정보를 얻는다 해도 이를 제대로 해석하지 못하면 장님이 코끼리를 만지는 것과 같다. 따라서 부자가 되고 싶다면 신문을 읽는 습관이 필요하다.

세상에는 두 부류의 사람이 있다. 신문을 보는 사람과 보지 않는 사람이다. 평소에 신문을 읽지 않고 투자하는 고객은 질문의 내용이 늘 비슷하다.

"내 펀드는 언제 파는 게 제일 좋을까요?"

정확한 타이밍을 알면 좋겠지만 신이 아닌 이상 제일 좋은 시기는 알 수 없다. 그러나 신문을 꾸준히 읽는 고객은 질문부터 다르다.

"미국 증시가 현재 고점인데, 만일 금리 인상을 하면 추가적으로 더 상승할 수 있을까요?"

신문을 꾸준히 읽는 부자는 이렇게 구체적인 질문을 한다. 늘 시황에 민감하게 대응해 부의 기회를 끌어당긴다.

요즘에는 필자도 매일 4개 이상의 신문을 정독한다. 중견기업의 대표 E고객과 상담하면서부터 시작된 습관이다. E고객은 매일 조간신문과 석간신문 7개를 구독해 읽는다고 했다. 7개의 신문을 읽는다는 것은 매일 7권의 책을 읽는 것과 같다. 또 신문을 꾸준히 읽으면 세상이 돌아가는 이치를 통달할 수 있다. 실제로 E고객은 식견이 넓고 금융지식이 풍부해 밀도 있는 상담이 가능했다.

간혹 기사에 부정적인 소식이 많다는 이유로 일부러 신문을 멀리하는 사람도 있다. 그러나 신문을 꾸준히 보면 단점보다 장점이 더 많다. 예를 들어 신문에는 그 날의 이슈뿐만 아니라 다양한 정치, 경제, 사회 문제를 조명하는 칼럼이 실린다. 이러한 칼럼을 꾸준히 정독하면 스스로 사건을 해석하고 분석할 수 있는 힘이 생긴다. 또 신문을 많이 읽으면 다양한 진영의 시각을 견지할 수 있고, 균형 잡힌 인식을 갖는 데 큰 도움이 된다. 예를 들어 복지를 늘려야 한다는 정책과 관련된 기사가 나오면 경제적인 관점에서 세금 문제에 대해 생각해볼 수 있고, 세금을 거둘 때 사회적 합의를 도출하는 과정이 중요하다는 것을 알 수 있다. 이처럼 우리가 살아가고 있는 세상을 이해하는 데 신문과 뉴스는 많은 도움이 된다.

신문을 보기 여의치 않다면 텔레비전이라도 경제 전문 채널을 보는 것이 좋다. 경제 전문 채널은 시황을 읽고 금융지식을 익히는 데 도움이 된다. 그래서 은행이나 증권사 객장에 가보면 경제 전문 채널이 틀어져 있는 경우가 많다. 상담을 기다리는 동안 고객이 시장의 흐름을 파악하고, 스스로 포트폴리오를 구상할 수 있도록 돕기 위함이다.

신문을 매일 읽는 습관을 통해 우리는 시대의 흐름을 읽을 수 있다. 장기적인 관점에서 큰 그림을 보게 되고, 과거를 통해 내일을 예측할 수 있다. 실제로 신문 기사로 시장을 예측하는 흥미로운 방법이 있다. 이는 PB(Private Banker)들 사이에서 유명한 방법인데, 완벽하지는 않지만 직접 활용해보면 대체적으로 맞다. 예를 들어 중국펀드에 투자하면 수익이 많이 난다는 기사가 자주 노출되고 있다고 가정해보자. 이 시기에는 중국펀드 가입 문의가 늘어난다. 평소에 예금만 하던 고객도 가입을 고려할 정도로 중국 주식의 가격은 가파르게 상승한다. 즉 투자하기 좋다는 기사가 많다는 것은 이미 가격에 거품이 꼈다는 뜻이다. 반대로 주가 하락으로 부정적인 기사가 연일 쏟아지면 그때가 바로 중국 주식에 투자하기 딱 좋은 시점이다. 이때는 우량 종목도 저평가 상태여서 저렴하게 매입할 수 있다. 이처럼 현재 투자하고 싶은 시장이 있다면 기사를 통해 거품이 있는지 검토해보기 바란다.

신문을 읽다 보면 자연스럽게 시장의 흐름을 읽게 되고, 변화하는 트렌드에 대응할 방법을 찾게 된다. 경영학의 대가 피터 드러커(Peter Drucker)는 "자신의 인생을 바꾸고 싶다면 끊임없이 새로운 주제를 공부하고, 새로운 일이 요구하는 것을 배우라."라고 조언한다.

삶의 방향만 잘 잡는다고 성공하는 시대는 지났다. 이제는 속도도 중요하다. 속도를 높이지 않으면 후발주자에게 언제 선두자리를 빼앗길지 모른다. 영원한 1등은 없기에 성공자는 변화의 속도를 따라가기 위해 늘 동분서주한다. 세상을 읽는 이치를 깨닫기 위해 치열하게 자기계발을 한다. 그런데 자기계발을 할 시간이 없다는 핑계를 대며 일만 열심히 하는 직장인이 참 많다.

직장만 열심히 다니면 그 사람의 미래는 두 가지 중 하나다. 하나는 직장에서 최고경영자가 되는 것이고, 다른 하나는 예상하지 못한 때에 퇴직하는 것이다. 본인이 최고경영자에 뽑힐 가능성이 높다면 당연히 회사 일에 목숨을 걸어야 한다. 그러나 최고경영자 자리는 아무에게나 보장되는 자리가 아니다. 설사 최고경영자가 된다 해도 회사의 소유자가 아닌 이상 영원히 회사를 다닐 수는 없다.

회사를 열심히 다니는 것만으로는 부족하다. 자신의 진짜 가치를 높이는 데 시간을 보내야 한다. 성공자는 대부분 수입의 10% 이상을 자기계발에 투자한다. 100억 원대 자산가 F고객은 매 순간 자기계발을 게을리하지 않았다. 남들이 부러워하는 성공에 안주하지 않고 CEO 조찬모임과 최고경영자 과정을 통해 늘 공부하는 자세로 새로운 사람들을 만났다. 현재도 다양한 모임에서 정보를 교류하고, 회사 경영과 관련된 주제를 공부한 덕분에 성공적으로 사업을 키워나가고 있다.

학습은 학생들의 전유물이 아니다. 평생에 걸친 배움이 일반화되고 있기 때문이다. 그런데 지인들에게 자기계발을 하라고 하면 대부분 외국어를 배우거나 자격증을 취득하려고 한다. 물론 외국어 공부도 좋고, 자격증도 중요하지만 이것만으로는 부족하다. 목적 없는 배움은 의미가 없다. 가치를 높일 수 있는 배움을 추구해야 한다. 즉 자기만족 수준을 넘어 실제적으로 자산을 늘릴 수 있는 도구를 만들어야 한다.

부자가 되고 싶다면 먼저 세상이 나를 알아볼 수 있도록 해야 한다. 지금도 수많은 구직자가 세상에 자신의 가치를 알리기 위해 열심히 여러 활동을 하며 이력서와 자기소개서를 수백 군데씩 보내고 있다. 반면 슈퍼리치로 살고 있는 사람들은 세상이 자신을 찾게 만든다. 실제로 자신을 브랜딩하는 데 성공한 사람들은 수월하게 큰 수입을 얻는다.

시대를 이끄는 리더는 세상을 읽는 힘을 갖고 있다. 신문 읽기를 습관화하면 가짜 정보가 범람하는 정보화 시대에 부응하는, 거짓된 정보를 가려듣는 리더가 될 수 있다. 더 나은 삶을 찾고 자기 개선을 위한 치열한 노력으로 위기의 파도를 부의 기회로 만들어보자. 신문이 '성공'이라는 인생의 꽃을 피우는 씨앗이 될 것이다.

2. 경청의 자세

사회적으로 성공한 잘나가는 기업의 CEO를 살펴보면, 하루아침에 신데렐라처럼 '스타 CEO'가 된 경우는 거의 없다. 큰 성공을 이룬 이들의 과거를 살펴보면 확실히 범인과는 다른 성공의 DNA가 존재하는 것 같다. 개인적으로 '성공인자'와 관련된

주요한 요인 중에 하나가 바로 수첩과 볼펜을 들고 사는 습관이
라고 생각한다.

이청득심(以聽得心)

'귀 기울여 경청하는 일은 사람의 마음을 얻는 최고의 지혜'
라는 뜻으로 『논어』에 나오는 말이다. 경청이란 주의를 기울여
남의 말을 듣는 것이다. 귀를 기울여서 듣게 되면 작은 소리도
크게 들을 수 있고, 겸양의 자세로 성공을 향해 달려갈 수 있다.

필자에게 상담받는 고액 자산가들 중에도 메모하고 정리하
는 습관을 가진 분이 꽤 많다. 이들은 상담시간을 최대한 효율적
으로 활용하기 위해 사전에 미리 궁금한 내용을 요약해 적어오
고, 상담시간 동안 관련 내용을 꼼꼼히 필기한다.

세계적인 화장품 회사 메리케이의 창업자 메리 케이 애시
(Mary Kay Ash) 회장은 '경청의 달인'으로 유명하다. 그녀는 "충
분히 오래 귀담아 들으면 대게 적절한 해결책을 생각해내게 된
다."라며 자신만의 우물에서 벗어나 언제나 귀를 열어두라고 조
언한다. 실제로 그녀와 잠시라도 대화를 나눠본 사람들은 자신
도 모르게 그녀의 매력에 감화되고 매료되었다고 한다. 이것이
그녀의 회사가 〈포춘〉 '글로벌 500대 기업' '가장 일하고 싶은

미국 100대 기업' 등에 선정된 비결이 아닐까?

유대인의 지혜서인 『탈무드』에는 이런 이야기가 나온다.

인간은 입이 하나 귀가 둘이 있다. 이는 말하기보다 듣기를 두 배 더 하라는 뜻이다.

경청은 귀를 기울이고 공경하는 마음으로 듣는 태도다. 들어야 할 소리와 듣지 말아야 할 소리를 구별한다면 현명한 선택을 할 수 있다.

이건희 삼성그룹 전 회장 역시 남의 말을 잘 듣는 것으로 유명하다. 그가 남의 말을 잘 듣는 총수가 될 수 있었던 이유는 이병철 창업주의 가르침 덕분이라고 한다. 이건희 전 회장이 삼성 부회장으로 첫 출근을 하던 날, 이병철 창업주가 그를 자신의 방으로 불렀다. 그리고 붓을 들어 그에게 직접 '경청(傾聽)'이라는 휘호를 써주었다. 남의 말을 잘 듣는 경영자가 되라는 뜻이었다. 이병철 창업주는 생전에 남의 말을 잘 경청하는 경영자였다. 늘 상대방의 말을 끝까지 경청하고 판단했다. 아버지의 영향으로 이건희 전 회장도 '경청하는 경영자'가 되었다.

조단 워즈(Jordan Wirsz)는 『백만장자 비밀수업』을 통해 다음과 같이 말한다.

"적극적인 경청의 자세는 상대방의 의견을 인정하는 게 아니라 상대방을 인정하는 것이다."

상대방의 의견에 동의하지 않더라도 겸손하게 귀를 기울이고, 함부로 옳고 그름을 판단하지 않는 것. 이것이 상대방을 인정하고 존중하는 가장 쉬운 방법이다. 경청의 태도는 성공한 사람들의 좋은 습관이자 우리에게 부의 길을 열어줄 열쇠다. 경청의 자세로 주변에 아군을 많이 만든다면 영향력 있는 사람으로 살아가게 될 것이다.

3. 적극적인 자녀 경제교육

우리나라와 유대인은 세계적으로 자녀 교육에 대한 열정이 큰 민족으로 손꼽힌다. 하지만 교육의 방법과 방향, 가르치는 내용은 상당히 다르다. 우리나라의 교육과정은 여전히 입시에 초점이 맞춰져 있어 초·중·고 12년간 오로지 좋은 대학에 가기 위한 교육을 받는 반면, 유대인의 교육과정은 인생 전체를 배움의 시간으로 보고 있다.

세계는 유대인의 금융으로 돌아간다고 해도 과언이 아니다. 이들이 금융계에서 두각을 드러내고 있는 이유 중 하나는 유년기부터 돈의 소중함과 가치에 대한 교육을 철저히 받기 때문이

돈을 지배하는 31가지 부의 도구

다. 유대 가정에서는 어린 자녀에게 직접 돈 관리를 맡기고, 돈을 쓰는 법과 버는 법을 가르친다. 예를 들어 13세가 되면 성인식을 치르는데, 이때 가족과 지인으로부터 선물로 돈을 받는다. 이 돈을 아이 스스로 직접 예금, 주식, 채권, 펀드 등의 방법으로 관리하게 하고, 그 과정에서 설사 실수를 저질러도 스스로 책임을 지도록 가르친다. 이렇게 자란 유대인 아이는 어릴 때부터 돈 관리와 경제에 눈을 뜨게 된다.

월스트리트의 제왕 워런 버핏의 아버지 역시 어릴 적부터 아들에게 검소한 생활 습관과 돈의 중요성에 대해 가르쳤다. 또 자녀의 경제적 자립을 중요하게 생각해 워런 버핏에게 유산을 물려주지 않고 모든 돈을 병원과 대학에 기부했다. 직접적인 부를 물려주지 않고 워런 버핏 스스로가 적극적으로 꿈을 찾을 수 있도록 힘쓴 것이다. 돈의 소중함과 가치에 대한 교육 때문일까? 워런 버핏은 부자가 된 이후에도 여전히 오래된 집과 낡은 차를 사용하고 있다.

다행히 요즘에는 우리나라에서도 학교와 가정에서 금융·경제에 대해 가르쳐야 한다는 목소리가 커지고 있다. 실제로 최근 학생들에게 가상의 학급화폐를 제공해 경제관념을 심어주는 한 초등학교 교사의 이야기가 회제가 되기도 했다. 아이들에게 가상의 화폐로 월급을 제공하고, 세금도 내게 하고, 금융상품에도 가입하게 하는 등 교실에서 학급활동을 통해 금융·경제 전반에 대해 가르친 것이다.

부동산과 사업으로 큰 성공을 이룬 70대 중반 F고객은 어려운 환경에서 자란 탓에 자신의 자녀만큼은 부유한 환경 속에서 자랄 수 있도록 자녀를 물심양면 지원했다고 한다. 그래서 밤낮없이 열심히 일해 재산을 늘렸다. 결국 치열한 노력 끝에 빌딩 부자가 된 F고객은 임대 수입으로 돈 걱정 없이 살게 되어 부러움의 대상이 되었다. 그러나 F고객은 상담 도중 매일 자녀 걱정으로 잠을 못 이룬다며 속내를 털어놨다.

"내가 자식 교육을 잘못 시킨 것 같아 후회가 돼. 공부도 많이 시키고, 돈 걱정 말라고 재산도 미리 정리해서 줬는데 하나같이 일을 안 해. 열심히 일해야 할 나이에 나 하나만 보고 있어. 사업한다고 가져간 돈이 얼마인지 모르겠어. 벌써 건물이 몇 개가 없어졌어. 자식들 걱정으로 나중에 눈도 못 감을 것 같아. 밖에서는 창피해서 이야기도 못 한다네."

F고객과의 상담으로 부모가 자녀에게 무엇을 남겨줘야 하는지 다시금 생각하게 되었다. 잘못된 부의 이전은 부모와 자녀의 삶을 불행하게 만든다. 돈이 없으면 없는 대로 걱정이지만 성

공과 부를 이룬 부자에겐 '안정적인 부의 이전'이 무엇보다 중요하다.

요즘에는 명문대를 나와 해외 유학을 다녀와도 눈높이에 맞는 일자리를 찾기가 하늘의 별따기다. 재정적인 독립이 안 되다보니 30~40대 장성한 자녀가 독립하지 못해 부모와 함께 사는 경우도 많다.

필자도 12살이 된 딸에게 풍요로운 미래를 물려주기 위해 가정에서 경제교육을 진행하고 있다. 귀한 자녀일수록 올바른 방향으로 양육을 해야 한다. 자녀가 원하는 것을 부모가 무엇이든 해결해주는 게 꼭 좋은 방법은 아니다. 부모가 무언가를 대신 해결해준 경험이 많을수록 자녀는 부모의 노력과 헌신을 당연하게 생각한다. 강의를 하면 학부모로부터 "그럼 언제부터 경제교육을 시작하는 게 좋은가요?" 하는 질문을 많이 받는다. 그럴 때마다 '세 살 버릇 여든까지 간다.'는 속담처럼 자녀와 소통이 되는 시점부터 시작하라고 답한다. 실제로 우리 딸은 36개월부터 경제교육을 받기 시작했다.

우리 집에는 딸을 위한 저금통이 3개가 있다. 셋 다 잔돈을 정리하는 데 쓰이지만 용도는 각기 다르다. 분홍색 큰 돼지저금통은 용돈을 저축하는 저금통이다. 딸이 저축하는 습관을 키울 수 있도록 무거워지면 직접 은행에 가져가 통장에 입금하게 한다. 다른 하나는 비상금을 저축하는 붉은색 돼지저금통이다. 딸이 돈을 관리하고 활용하는 습관을 키울 수 있도록 갖고 싶은 물건이 생기면 이 저금통에서 돈을 빼 쓰게 한다. 마지막으로 보라색 돼지저금통은 나눔을 위한 용도다. 딸이 사회의 일원으로서 어려운 이웃에게 베푸는 문화를 습득할 수 있도록 일정 기간이 되면 돈을 빼 기부한다.

딸이 5살이 되었을 때, 저축의 개념을 알려주기 위해 동전이 생기면 손에 쥐어주고 이렇게 말했다. "현지야, 꿀꿀이 배고픈데 밥 좀 줄 수 있을까?" 그러면 딸은 저금통에게 "맛있게 먹어."라고 이야기하며 동전을 넣는다. 이제는 습관이 되어 동전이 생기면 저금통으로 가서 스스로 넣고, 용돈을 받거나 지출이 생기면 용돈기입장에 꼼꼼히 그 내역을 작성한다.

빌 게이츠(Bill Gates)는 "나는 아이들에게 내 재산의 극히 일부만 물려줄 계획이다. 그들 스스로 자신의 길을 찾아야 하기 때문이다."라고 이야기했다. 부자들의 경제교육은 성공을 물려주는 것이 아니라 성공하는 방법을 알려주는 데 있다. 성공하는 방법을 배워야 돈의 가치를 알 수 있기 때문이다.

한국의 부자들도 자녀가 부자로 살아갈 수 있는 방법을 가르치고 싶어 한다. 자신의 세대에서 이룬 성공을 자녀 세대가 이어나가길 바란다. 실제로 고액 자산가를 위한 투자 세미나를 하면 자녀와 함께 참석하는 고객이 참 많다. 자녀에게 자신이 누리고 있는 세상의 일부를 맛보게 하기 위함이다.

현명한 부자들은 자녀에게 돈의 가치와 흐름을 읽는 방법을 가르친다. 경제캠프나 금융교육에 적극적으로 참여시켜 경제관념을 심어준다. 더불어 진로 코칭과 경제신문을 읽는 방법을 가르친다. 또래 친구들이 대학 입시만 준비할 때 사업과 투자로 돈을 벌 수 있는 방법을 함께 가르친다. 이렇게 자란 자녀들은 부모의 사업 노하우를 배우며 전문가에게 투자방법을 배운다. 이처럼 현명한 부자들은 자녀가 돈과 가까이 지낼 수 있도록 시간을 아끼지 않고 투자한다.

"너는 꿈이 뭐니?"

대부분의 아이들이 대답하기 어려워하는 질문이다. 대학 입시 준비로 꿈을 생각할 시간이 부족하기 때문이다. 목표가 뚜렷하지 않아 공부를 왜 해야 하는지 모르는 아이도 수두룩하다.

필자는 금융교육을 준비할 때 미국의 경제교육을 연구하고 참고한다. 우리나라는 대기업 직장인의 삶을 지향하도록 교육하지만 미국은 다르다. 미국의 경제교육 목표는 '사업가 마인드'를 함양하는 데 있다. 작더라도 자신만의 사업을 할 수 있도록 어릴 때부터 사업가 마인드를 가르치는 것이다. 이렇게 교육의 관점이 다르다 보니 성인이 된 뒤의 진로도 확연히 다르다. 꿈이 있는 미국의 아이들은 회사에 종속되지 않고 과감하게 스타트업에 뛰어든다. 우리나라에 비해 미국에 성공한 벤처기업의 수가 월등히 많은 이유가 여기에 있다.

부모와 자녀가 가정에서 돈에 대한 이야기를 많이 나누면 아이를 독립적이고 진취적인 사람으로 키울 수 있다. 꿈이 없어 고민하는 자녀가 있다면 지금부터라도 가정에서 경제교육을 시작해보자.

욕구에 솔직한
부자들

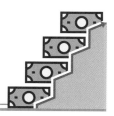

자산관리를 하다 보면 자연스럽게 돈에 대한 이야기가 나오게 된다. 돈에 관한 이야기를 나누다 보면 그 사람의 돈을 대하는 태도를 알 수 있다. 돈을 원하는 욕구가 얼마나 뚜렷한지 말이다. 돈 그 자체는 아무런 생명력이 없는 물질이다. 그러나 내가 어떤 욕망을 일으키는 순간 돈은 나로 하여금 그에 맞는 행동을 하게 만든다. 돈을 끌어당기는 힘이 생긴다.

욕심이 많은 사람은 추하지만 욕망하는 사람은 아름답다. 현명한 욕심으로 욕망에 대한 대중의 편견을 깬 조주희 미국 ABC

서울지국장은 『아름답게 욕망하라』라는 책을 통해 여성들이 스스로를 과소평가하며 한계를 낮게 정하는 경향이 있다고 밝혔다. 더 욕심을 내도 좋은데, 더 욕망해도 좋은데 후배들이 자신의 노력에 상응하는 결과를 당당히 요청하지 않아 안타까움을 느꼈다고 한다.

겸손을 추구하는 유교문화 때문일까? 우리나라 사람들은 자신의 욕망에 대해 불편한 감정을 갖고 있는 경우가 많다. 탐욕스러운 욕망은 지양해야겠지만 아름다운 욕망은 내 인생을 윤택하게 만드는 윤활유가 된다. 원하는 것을 갖고자 하는 마음을 부정해서는 안 된다.

솔직함과
속물은 다르다

결국 돈도 주인의 욕망에 따라 움직이기 마련이다. 그런데 우리나라는 유독 돈에 대해 솔직하게 이야기하는 것을 불편하게 생각한다. 특히 가정에서 아이들에게 돈 이야기를 꺼내지 않는 부모가 많다. 부자가 되고 싶고 경제적 자유를 누리고 싶다면 돈에 대한 욕구를 숨겨서는 안 된다. 또 돈이 좋다고 말하는 솔직한 사람을 속물근성이 있다고 생각해서는 안 된다. 자본주의 사회에서 돈에 대한 이야기를 피하고 욕구를 숨기는 것은 미덕이 아니다.

실제로 자녀가 돈에 대한 이야기를 꺼내면 아이가 너무 세속적으로 크는 것 같다며 걱정하는 부모가 많다. 이렇게 돈 이야기를 꺼냈을 때 부모가 부정적인 반응을 보이면 아이는 당연히 자연스럽게 돈에 대한 욕구를 숨기게 되고, 겉으로 드러내지 않게 된다. 그래서 성인이 되어도 부자로 살고 싶다는 마음을 솔직하게 표현하지 못한다.

세계 최고의 부자 석유왕 존 록펠러(John Rockefeller)는 어린 시절부터 부자가 되겠다는 자신의 포부를 숨기지 않았다. 하루는 한 친구가 그에게 "존, 너는 장차 커서 뭐가 되고 싶니?"라고 물었다. 그러자 그는 망설임 없이 다음과 같이 대답했다.

"나는 10만 달러의 가치가 있는 사람이 되고 싶어. 난 꼭 그런 사람이 될 거야."

그때부터 그에게는 10만 달러의 가치를 지닌 사람이 되겠다는 꿈이 생겼다. 그는 24세 때부터 석유정유 사업을 시작해 29세 때는 세계에서 가장 큰 '스탠더드오일'이라는 정유회사를 세웠고, 석유사업으로 엄청난 돈을 벌었다.

이후 그는 자신이 번 돈을 사회에 환원하고자 록펠러재단을 세워 6천억 원이 넘는 돈을 기부했다. 그리고 24개의 대학을 세우고, 4,926개의 교회를 세우는 등 세계 최고의 자선사업가로서 여생을 보냈다. 생애 마지막까지 자신이 품었던 꿈과 이상을 실현했던 것이다. 세계적인 거부 존 록펠러는 원하는 바를 늘 분명하게 이야기했고, 자신의 욕심을 숨기지 않았다.

사람은 스스로 자신의 '욕심'을 의식하기 전까지는 어떤 것을 내 것으로 만들 수가 없게 창조되었다. 필자 역시 새로운 욕심, 욕망을 실현하기 위해 열심히 노력하고 있다. 수십 년간 현장에서 부자들의 자산을 관리하면서 문득 '이미 부자인 사람들뿐만 아니라 부자가 되고 싶은 청년들을 부자로 만들어주고 싶다.'라는 꿈을 갖게 되었다. 그래서 금융지식이 부족해 부채가 눈덩이처럼 늘어난 청년들을 돕기 위해 '2030 빚 제로 프로젝트'를 시작했고, 신용관리 실패로 파산한 청년 세대를 대상으로 '현명한 돈 관리 비법'에 대해 강연하고 있다. 지금 이 순간에도 필자의 꿈은 현재진행형이다. 현실의 벽에 부딪혀 삶의 의미를 잃은 청년 세대가 다시금 재기할 수 있도록 물심양면 도움을 주고 싶다.

부자들은 자신이 원하는 것을 생각하고 의식하는 데 익숙한 사람들이다. '명품 백을 갖고 싶다.' '강남의 아파트에서 살고 싶다.' 하는 생각을 한 번도 해보지 않은 사람이 명품 백을 갖거나, 강남의 고가 아파트에서 살게 될 확률은 얼마나 될까? 단언컨대 0%다. 바라지도 않고, 원하지도 않는데 결과가 생길 리 없다.

상담을 하다 보면 몇 마디 대화만으로도 상대가 큰 부자가 될 수 있는 사람인지 아닌지 알 수 있다. 부자들은 돈에 대한 이야기를 쉽게 꺼내지만 결코 함부로 이야기하지 않는다. 왜냐하면 사람은 돈을 활용하는 주체이자 돈의 통로이기 때문이다. 돈은 인격이 없지만 돈을 대하는 사람의 태도에 따라서 성격이 달라진다. 가난한 생각을 갖고 살아가면 돈은 머물 시간도 없이 스쳐지나간다. 하지만 부자가 되고 싶다는 강한 욕망을 갖게 되면 무의식 속에서 부를 창조하기 위한 방법을 고안하게 된다. 그렇게 여러 방법을 고안함으로써 돈이 나에게 머물 기회가 늘어나게 된다. 이러한 사고의 전환은 나를 돈이 따르는 인생으로 안내한다.

돈이 따르는 인생을 살던, 기억에 남는 고객이 있다. 그는 자신이 얻고자 하는 수익에 이름표를 붙여서 관리하는 습관을 갖고 있었다. 어느 날 손주가 3년 뒤에 미국으로 유학을 갈 예정이라며 유학비를 지원해주고 싶다고 했다. 필자는 3년을 목표로 새로운 포트폴리오를 제안했고, 이렇게 자금의 성격과 원하는 바가 명확하다 보니 3년 동안 더 철저하게 관리하게 되었다. '손주의 유학자금'이라는 이름표가 붙으니 고객도 도중에 운용을 포기하거나, 돈을 허투루 쓰지 않았다. 실제로 이 고객은 3년 뒤 손주에게 기쁜 마음으로 유학자금을 지원할 수 있었다.

이처럼 부자들에게 돈이란 중요한 것이며 함부로 가볍게 대할 수 없는 '모든 것'이다. 필자에게 부의 감각을 깨워준 40대 여성 사업가 G고객 역시 돈이 따르는 인생을 살았다. G고객은 사업을 하기 전까지만 해도 초등학교 교사로 10년 정도 근무했다고 한다. 선생님이라고 하면 정말 안정적이고 인기 있는 직종이 아닌가? 그래서 함께 점심을 먹을 때 무슨 연유로 안정적인 직업을 포기하고 사업을 시작하게 되었는지 질문했다.

G고객의 남편은 대기업 유통 분야에서 근무했는데, 매장을 직접 관리하면서 사업의 기회를 포착하게 되었다고 한다. 평소 안주하는 삶이 아닌 도전적인 삶을 살아온 G고객은 눈앞의 기회를 놓치고 싶지 않았다. 그래서 유통 전문가인 남편과 함께 직접 시장 조사를 다녔고, 성공 가능성을 타진한 다음 과감하게 사표를 내고 사업에 뛰어들었다. 그렇게 공격적으로 인생을 경영한 G고객은 초등학교 교사로 살아갈 때보다 훨씬 풍족한 삶을 살게 되었다.

돈이 머무르는 사람 vs.
돈이 떠나는 사람

세상에 돈은 정말 많다. 그 많은 돈을 자신에게 오랜 시간 머무르게 하는 사람은 부자로 살고, 월급이 통장에 하루도 머물지 못하고 스쳐지나가는 사람은 빈자로 산다. 각종 카드 값과 공과금에 등 떠밀리듯이 돈이 통장에서 빠져나가는 사람은 경기가 어렵든 좋든 궁핍할 수밖에 없다.

그래서 필요한 것이 부의 감각이다. 부자들은 돈을 버는 시스템을 갖추기 위해 레드오션에서 경쟁하지 않고 창의적인 생각을 바탕으로 블루오션에서 승부한다. 패션계의 신화적인 존재 루치아노 베네통(Luciano Benetton)은 10살 때 아버지를 잃은 뒤 어머니와 3명의 동생과 함께 살았다. 그는 아버지가 간절히 바랐던 의사의 꿈을 이루기 위해 열심히 공부했지만 가난한 형편 탓에 공부에만 몰두할 수 없었다. 그래서 중학교를 졸업한 뒤 진학을 포기했고, 양복점에서 일을 시작했다. 비록 생계를 위해 일했지만 그는 남달랐다. 항상 새로운 것을 만들기 좋아했고, 새로운 시도를 하는 데 주저하지 않았다.

어느 날 그는 조각난 천을 엮어 나비넥타이를 만들었다. 그

것을 직접 매고는 양복점 손님들의 반응을 살폈다. "어머, 그거 멋있는데 어디서 샀니?" 하고 손님들은 나비넥타이의 참신한 디자인과 독특한 색상에 관심을 보였다. 그런데 양복점 주인은 못마땅하다는 표정을 지었다. "넌 양복 판매원이지, 서커스 광대가 아니야!" 하고 루치아노 베네통을 무시하기 일쑤였다.

주인의 핀잔에도 그는 다양한 계층의 고객을 만족시키기 위한 방법을 찾고 싶었다. 그러던 중 현재의 양복으로는 부족하다는 것을 깨달았고, 이후 젊은 층이 찾는 트렌디한 디자인에 깊은 관심을 갖고 자신만의 감각을 키워나갔다. 그리하여 훗날 독자적 의류 브랜드 '베네통'을 탄생시켰고 의류업계에 캐주얼 혁명을 불러일으킨다.

자신의 성공 비결을 묻는 인터뷰에서 루치아노 베네통은 이렇게 이야기한다.

"저는 남들보다 뛰어난 재능은 없습니다. 다만 남들과 다르게 생각하려고 노력할 뿐이지요. 성공의 비결은 '자유로운 발상'입니다."

만일 루치아노 베네통이 양복점 주인처럼 현실에 안주했다면 오늘날의 베네통은 없었을 것이다. 이처럼 성공자는 현실에

만족하지 않고 분주하게 움직여 미래를 준비한다.

40대 여성 사업가 G고객은 과거 외국계 항공사에서 수년간 근무한 경력이 있다. 그녀는 스튜어디스로 근무하는 동안 미리 퇴직 이후의 삶을 준비했고, 원어민 수준의 영어 전문가가 되겠다는 목표로 열심히 어학 공부를 했다. 현실에 안주하지 않고 성실하게 노력한 덕분에 G고객은 육아 문제로 퇴직한 이후 영어 강사로 제2의 삶을 시작하게 된다. 그러던 중 생각보다 항공사에 취업하고 싶어 하는 학생이 많다는 사실을 알게 되었고, 자신의 이력을 살려 승무원 지망생을 위한 영어교재를 집필하고 멘토링 서비스 사업을 시작한다. G고객은 현재 승무원 지망생 전문학교를 세우기 위해 준비 중에 있다.

성공자는 극소수이고, 패배자는 부지기수인 이유는 무엇일까? 그 이유는 인생을 사는 태도에 있다. 강력한 비전을 가지고 치열하게 사는 사람은 적은 반면, 비전은 챙기지 않고 단기적인 목표와 계획에 매몰된 사람은 많다. 부자가 될 수 있는 기회는 좀 더 나은 내일을 살기 위해 변화하는 강력한 의지에서 나온다. 현재의 삶에 만족하지 않고 생각하고 연구하면 나만의 가치를 창조할 수 있다. 필자 역시 명예퇴직 제도가 없었다면 어제와 똑같은 내일을 꿈꾸며 살았을 것이다. 하지만 명예퇴직을 경험하면서 인생을 다시 설계하게 되었고, '남과 다른 차별화된 생각'

이 돈을 벌 수 있는 기회가 된다는 것을 배우게 되었다.

이제부터 새로운 자신만의 가치를 창출해보자. 기회를 보는 눈은 자신의 가치를 높이는 이에게 주어진다. 부디 당신의 잠자고 있던 부의 감각을 깨워 돈을 부르는 사람, 돈이 머무르는 사람이 되기를 바란다.

경제지표에
민감한 부자들

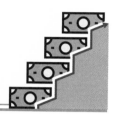

"내가 투자한 국가가 앞으로 성장할 가능성이 있을까요?"
"이 기업, 전망이 어떤가요?"

자산관리 일을 하다 보면 비슷한 질문을 하루에도 몇 번씩 받는다. 특히 시장의 상황이 나쁠 때, 즉 시장이 하락하거나 변동성이 클 때 이러한 질문을 자주 받게 된다. 질문의 내용을 보면 자신이 투자하고 있는 산업군이나 국가 경제에 대한 고객의 이해 정도를 파악할 수 있다.

경제지표에
답이 있다

신문을 보면 산업의 흐름과 트렌드를 읽을 수 있다. 특히 기사 속에는 내가 투자한 기업의 미래를 예측해볼 수 있는 다양한 장치(각종 경제지표)가 숨겨져 있다. 이를 통해 누구나 쉽게 기업의 미래 가치를 타진할 수 있다. 그러나 이해하기 어렵다는 이유로 숫자와 도표로 정리된 경제지표를 애써 무시하는 경우가 많다. 그 이유는 미디어 리터러시(다양한 형태의 메시지에 접근해 메시지를 분석하고 평가하고 의사소통할 수 있는 능력)가 부족하기 때문이다.

특히 SNS가 발달되면서 정보의 접근성은 향상되었지만, 오히려 어떤 정보가 유용한지 판단하기 어려운 부작용이 발생하고 있다. 가짜뉴스가 너무 많고, 출처가 불명확한 자료도 범람한다. 따라서 이런 때일수록 기본으로 돌아가는 자세가 필요하다.

뉴스에서 보도되는 각종 지표, 그러니까 생산지표, 투자활동지표, 금융지표, 무역국제수지지표, 노동관계지수, 주식지표 등 피부에 와닿지 않는 경제지표에 집중해야 한다. 이러한 경제지표를 통해 각 분야의 동향과 전문가들의 생각을 파악할 수 있기

돈을 지배하는 31가지 부의 도구

때문이다.

　예를 들어 전 세계 시장을 두고 '어떤 국가에 장기투자를 하면 좋을까?'라는 질문에 답을 찾아야 한다고 가정해보자. 이 경우 경제지표라는 뚜렷한 근거를 바탕으로 투자 판단을 내리면 많은 도움이 된다. 특히 미국 경제를 대변하는 경제지표에 제일 먼저 관심을 갖고 이를 해석할 필요가 있다. 이는 미국 경제의 향방이 다른 국가 및 기업의 주가에도 많은 영향을 미치기 때문이다. 또한 우리나라처럼 수출에 영향을 많이 받는 국가일수록 미국과 중국의 경제 추이를 반드시 모니터링할 필요가 있다.

　미국 경제의 실업률 및 고용지표, 미국 국채 장단기 금리 차이, 달러 인덱스, 하이일드채권의 스프레드(기준금리에 덧붙이는 금리) 같은 자료에 관심을 갖는다면 변동성이 커져도 적절히 대응할 수 있다. 2020년 코로나19 발생 이후 필자가 계속 주의 깊게 봤던 경제지표도 이와 같다. 코로나19로 인해 경제활동이 멈추면서 미국의 노동통계국은 실업률이 14.8%까지 치솟았다고 발표했다. 이때 다우지수는 10%가량 하락하면서 1987년 이후 최악의 폭락 사태가 벌어졌는데, 그만큼 실업률이 경제에 많은 영향을 미친다는 것을 다시 한번 확인할 수 있었다. 이후 각국의 재정정책, 백신 개발 및 공급에 대한 기대로 미국의 실업률은 2021년 하반기 기준 4%대까지 내려왔다. 이렇게 구체적인 숫자를 기반으로 지표를 이해하면 현재 경제 상태가 어느 정도인지 예측할 수 있는 근거로 삼을 수 있다.

예를 들어 미국의 평균 실업률이 팬데믹 이전에 3% 이내였다는 것을 인지하고 있었다면, 10%까지 치솟은 실업률이 어느 정도 영향을 미칠지는 대충 감이 왔을 것이다. 그리고 이 수치가 더 내려가기 위해서는 미국의 GDP 성장률이 더 높아져야 한다는 것을 깨닫게 될 것이다. 이렇게 경제지표는 제각기 다른 성격을 갖고 있고, 서로 유기적으로 영향을 미친다. 초보 투자자라면 개별 경제지표가 무엇을 말하고 있는지 이해하기 어려울 수 있다. 하지만 엉킨 실타래를 풀듯이 하나씩 공부하고 이해한다면 자금이 움직이는 방향을 파악할 수 있을 것이다.

돈은 지표를 따라간다

미디어 채널에서 쏟아지는 정보의 양이 워낙 다양해 누구의 말을 믿고 투자를 해야 할지 모르겠다며 어려움을 호소하는 경우가 참 많다. 스스로 투자 결정에 대한 책임을 져야 하다 보니 정보의 홍수 속에서 좋은 정보를 찾기 위해 고군분투하게 되었다는 것이다. 이러한 때일수록 주식 리딩방과 같은 종목을 선정해주는 곳이 아닌, 다양한 경제지표를 알기 쉽게 설명해주는 전문가의 방송이나 칼럼을 보는 것이 좋다.

소위 '전문가'라 불리는 이들이 짚어주는 정보는 특정인에게만 공개되는 정보가 아니다. 그러므로 직접 다양한 경제지표를 해석하고, 적어도 전문가 3명 이상의 의견을 들어본 다음 투자 판단을 내리는 것이 좋다.

강연장에서 경제지표부터 공부하고 이해하라고 하면 "저는 숫자에 약해요." "경제용어는 너무 어려워요."라는 이야기를 많이 듣게 된다. 온라인에서 물건을 주문할 때 리뷰를 보고 사는 것처럼 투자도 여러 자료와 전문가의 의견을 비교해보고 시작해야 한다. 숫자에 약하고, 경제용어가 어렵다는 이유로 경제지표를 피한다면 건강한 투자, 지속 가능한 투자를 하기 어렵다.

미래 산업이 어떤 방향으로 진행될지 알고 싶은가? 그렇다면 관련된 자료를 찾아보고, 지표가 가르키는 방향으로 여러분의 돈이 흘러갈 수 있도록 방위표를 설정해보자. 돈은 결국 지표를 따라간다.

퇴근 후 2시간,
부의 골든타임을 잡아라

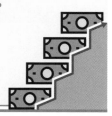

"오 대표님, 제가 곧 은퇴가 다가옵니다. 그런데 은퇴하면 무엇을 하면서 시간을 보낼지 막막하네요. 어떻게 하면 좋을까요?"

고객들이 자산관리를 받는 이유는 대부분 은퇴 이후의 삶을 대비하기 위해서다. 필자가 늘 강조하는 내용이 있는데, 바로 은퇴설계는 은퇴를 맞이한 시점에서 하는 것이 아니라 첫 월급을 받기 시작한 때부터 시작해야 한다는 것이다. 즉 은퇴설계는 사회초년생 때부터 시작해야 한다.

코로나19가 바꿔놓은 것 중에 하나는 출퇴근에 대한 관념이다. 2022년 한국은행이 발표한 보고서에 따르면, 2019년 9만 5천 명에 불과했던 재택근무자 수는 2021년 114만 명으로 급증했다. 재택근무로 이제 출퇴근에 소용되는 시간이 온전히 나를 위한 시간이 된 것이다.

필자의 일상도 코로나19 이전과 이후로 많이 바뀌었다. 회사 대표로 일하면서 대학에서 겸임교수로 강의를 하고 있는데, 이제 학교에 가지 않고 집에서 동영상으로 강의를 만들고 줌으로 비대면 수업을 한다. 고객과의 컨설팅도 오프라인이 아닌 온라인 미팅으로 많이 전환되었다.

이렇게 일상이 바뀌면서 출퇴근의 개념이 사라졌지만, 그럼에도 필자는 퇴근시간을 정해서 움직인다. 그렇지 않으면 하루 종일 일을 할 수도 있기 때문이다. 일하는 시간을 정해서 퇴근 후에는 독서와 운동을 하며 미래를 설계하는 시간을 가진다.

이처럼 코로나19로 비대면 소통이 일상화되면서 시간관리가 매우 중요해졌다. 직장인은 일단 출근하면 퇴근할 때까지 그 시간을 온전히 나를 위해 활용할 수 없다. 그 시간을 기회비용 삼아 회사에서 월급을 받고 있기 때문이다. 하지만 퇴근 이후의 시간은 다르다.

퇴근 후 2시간이면
기적을 만들기 충분하다

퇴근 후 2시간, 당신은 이 시간을 어떻게 사용하고 있는가?

2019년 갤럽에서 미국인을 대상으로 은퇴 준비에 관련된 조사를 진행했다. 그 결과 연소득이 높을수록 은퇴 후 경제적으로 안정적일 것이라고 생각하는 응답자의 수가 많았다. 당연한 이야기 같지만 중요한 것은 안정된 노후생활에 대한 기대치와 실제 은퇴를 위한 준비 정도가 계층마다 확연히 다르다는 것이다. 오로지 25%만이 안정적인 노후를 위해 저축을 하고 있었고, 50% 정도는 은퇴를 위해 좀 더 돈을 열심히 모아야 한다고 응답했다. 그렇다면 나머지 25%는 어떻게 응답했을까? 은퇴 준비를 계획하지 못했고, 정기적으로 저축도 하지 못한다고 응답했다.

이러한 설문조사 결과가 미국에만 해당될까? 비교적 퇴직연금 시장이 잘 갖춰져 있는 미국에서조차 응답자의 40%가 은퇴 준비가 부족하다고 했다. 은퇴 준비의 1단계는 '돈 관리'다. 현재 자신이 소득활동을 하고 있는 동안에 저축을 하지 못하고 있다면 수입과 지출에 대한 계획을 다시 수정해야 한다. 또 은퇴 이

돈을 지배하는 31가지 부의 도구

후에도 사회에서 활동할 수 있도록 경제적 기회를 마련해야 한다. 이러한 기회를 준비하기 위해서는 퇴근 후 2시간을 잘 활용하는 것이 중요하다.

요즘은 'N잡러'라는 말이 유행일 정도로 꼭 한 가지 직업에 국한될 필요는 없다. 어떤 이들은 경제가 어려워졌기 때문에 여러 가지 직업을 가져야 생계가 유지 된다고 말하지만, 필자는 산업사회에서 지식사회로 세상이 바뀌었기에 N잡이 수월해졌다고 생각한다. 지금의 사회에서는 한 가지 직업만 갖고 있는 것이 오히려 더 위험한 길일 수 있다.

100세 시대를 향해 평균수명은 계속 늘어나는 반면, 여전히 국가의 제도는 이를 따라가지 못하는 상태다. 국가와 기업이 규정한 정년의 기준은 평균수명 70~80세 때 만들어진 것이다. 법과 제도가 후행적으로 움직이는 상황에서 현실의 간극과 개인의 능력, 환경의 변수가 더해져 여러 복잡한 상황이 만들어지고 있다.

따라서 이제는 평생 직장, 평생 직업이 아닌 다양한 '부캐'를 바탕으로 시대가 필요로 하는 역할을 발굴해낼 필요가 있다. 내가 원하는 시기까지 직장에 다닐 수 없다는 것을 이제는 모든 사람이 너무나 잘 알고 있다. 그래서 MZ세대에게 직장은 평생 내가 있을 곳이 아닌 잠시 머무르는 곳에 불과하다. 다행히 MZ

세대는 다른 직종에 관심도 많고 새롭게 도전해보려는 의지도 강한 편이다. 새로운 영역에 도전하기 위해서는 이처럼 열정과 호기심이 뒷받침되어야 한다.

내가 무엇을 좋아하고, 어떤 일을 해보고 싶은지 생각해보고 경험하는 것. 이것이 바로 퇴근 후 내가 해야 할 일이다. 현재 다니는 직장이 안정적이라고 해도, 미래에도 쭉 안정적으로 자리가 지켜진다는 보장은 없다. 실제로 정년이 보장된 직종에 근무한 시간이 길었던 고객일수록 은퇴 이후에 무엇을 해야 할지 막막하다고 이야기하는 경우가 많았다.

먼 미래가 아닌 바로 다음 달 우리 집 가계부가 플러스가 되려면 무엇부터 해야 할까? 수입과 지출 내역을 확인하고 소비를 줄일 수 있는 일부터 찾아봐야 한다. 그리고 실행에 옮기면 된다. 투자에 성공하고 싶은가? 그렇다면 투자와 관련된 책을 읽고, 다양한 매체를 통해 기업과 투자 시장을 공부하면 된다. 퇴근 후 매일 어떻게 시간을 보내느냐에 따라 나의 미래가 달라질 것이다.

부자들의 독서법은
특별하다

미국의 소설가 마크 트웨인(Mark Twain)은 "당신에게 가장 필요한 책은 당신으로 하여금 가장 많이 생각하게 하는 책이다." 라고 했다. 부자가 될 수 있는 가장 큰 힘 중에 하나는 바로 남과 다른 생각을 하는 데 있다. 그리고 이러한 생각은 책을 통해 얻을 수 있다.

독서의 중요성은 누구나 알고 있다. 그래서 부모들은 자녀가 어릴 때 독서 습관을 갖도록 독려한다. 엄마는 아이가 책을 좋아하는 아이로 크길 바란다. 그러나 아이의 독서량만큼 중요한 것은 부모의 독서량이다. 부모부터 먼저 독서를 생활화하면 아이는 자연스럽게 책을 읽고 좋아하는 아이가 된다.

그동안 필자는 많은 부자를 만났고, 그때마다 이런 질문이 떠올랐다.

'그들은 책을 많이 읽을까? 읽는다면 주로 어떤 분야의 책을 읽을까?

부자들에게 비슷한 질문을 하면 다들 표현은 달라도 답은 같았다.

"일주일에 반드시 3권 이상 읽어요. 주로 힘든 역경을 이겨내고 성공한 사람들의 책을 읽습니다."
"성공스토리를 즐겨 읽는 편입니다. 책을 읽다 보면 나도 할 수 있다는 용기가 생겨납니다."
"투자서를 즐겨 봅니다. 아무리 바빠도 한 달에 1권 이상은 읽기 위해 시간을 냅니다."

부자들은 아무리 바빠도 일정에 책 읽는 시간은 꼭 확보해 둔다고 한다. 여름 휴가철이 되면 항상 'CEO를 위한 추천도서'

목록이 나온다. 필자 역시 부자들과 상담을 자주 하기 때문에 요즘 트렌드와 동향을 알기 위해 해당 리스트를 확인해 구입해 보고 있다. 리스트를 보면 대부분 성공스토리가 많다. 성공 뒤에 감춰진 혹독한 시련과 역경을 견뎌내는 과정에서 얻는 게 많기 때문이다. 그래서 성공스토리를 읽다 보면 마음에 다시 열정이 샘솟는다. 힘든 일이 있어도 극복하고자 하는 의지가 생긴다.

또 어떤 부자들은 방대한 양의 책을 볼 시간이 부족해 트렌드를 정리한 리포트나 전문가의 견해가 담긴 칼럼을 읽기도 한다. 사실 이러한 리포트, 칼럼만 자주 읽어도 세상의 흐름을 어느 정도 알 수 있다.

CEO에게 휴가란 신체적인 휴식뿐만 아니라 독서를 통해 생각을 정리하는 시간을 갖는다는 의미도 있다. 그래서 그 시간 동안 실용적이고 창조적인 독서를 하려고 한다. 소문난 독서광으로 잘 알려진 빌 게이츠는 독서를 위해 매년 정기적으로 2주 동안 '생각주간'이라는 휴가를 가진다고 한다. 외부와의 연락을 끊은 채 수백 권의 책을 쌓아두고 읽으며 미래를 준비하고 구상한다는 것이다. 그는 하버드 졸업장보다 독서가 더욱 중요하다고 말했고, 또 자신은 디지털 시대의 전도사이지만 독서만큼은 종이책을 좋아한다고 밝혔다.

40대에 IT업계에서 큰 성공을 이룬 H고객은 미국에서 유학하며 빌 게이츠의 영향을 많이 받았다고 했다. 수백 권의 책을 쌓아두고 읽는 빌 게이츠를 본받아 '진짜 독서'를 위해 자신은 절대 책을 빌려 읽지 않는다고 했다. 돈을 스스로 벌기 시작하면서 수입의 일정 부분은 항상 책을 사는 데 썼고, 매일 1시간 이상 사업을 발전시키기 위해 새로운 전문 분야의 책을 읽으며 공부하는 시간을 가졌다. H고객은 독서력으로 사업을 키워나갔고, 배움을 통해 성공을 이뤄낼 수 있었다.

지금 한국 사회에서 회자되는 리더들은 모두 독서를 좋아한다는 공통점이 있다. 반기문, 안철수, 박경철 등 존중받는 사회의 리더들은 하나같이 책벌레로 통한다. 물론 이들이 처음부터 책을 좋아했던 것은 아니다. 성장 과정에서 부모님이나 선생님, 혹은 우연히 만난 누군가의 영향을 받아 책과 친해질 수 있었다. 아마도 그들이 성공할 수 있었던 비결 중 하나는 어릴 적부터 몸에 밴 독서습관이 아닐까? 책을 통해 다양한 지식과 정보, 지혜를 갖출 수 있기 때문이다.

성공과 책은 절대 떨어질 수 없는 불가분의 관계다. 평소 꿈이 없던 사람도 책을 접하면서 가슴 뛰는 꿈을 품게 되고, 방탕하게 살던 사람도 책을 통해 건실하게 살게 된다. 50대 대학 교수 I고객은 이황의 이야기를 예로 들며 자신의 성공에 독서가 큰 역할을 했다고 강조했다. 조선시대 학자 이황은 자기 나름의 독서에 대한 혜안과 철학을 가지고 있었다. 하루는 그에게 제자가 올바르게 독서하는 방법에 대해 물었다.

"글이란 정신을 차려서 수없이 반복해서 읽어야 한다. 한두 번 읽어보고 뜻을 대충 알았다고 해서 그 책을 그냥 내버리면 자기 몸에 충분히 배지 못해서 마음에 간직할 수가 없다. 이미 알고 난 뒤에도 그것이 자기 몸에 배도록 공부를 더 해야만 비로소 마음속에 간직할 수 있다. 그래야만 학문의 참된 뜻을 체험해 마음에 흐뭇한 맛을 느끼게 되는 법이다."

이황의 말대로 I고객은 결코 책을 건성으로 읽거나 한 번 보고 책장에 꽂아 두지 않았다. 자신의 것으로 체화하기 위해 중요하거나 감명 깊은 문구에 밑줄도 긋고, 포스트잇도 붙이면서 여러 번 반복해 읽었다고 한다.

필자에게도 이 이야기는 큰 자극이 되었고, 그래서 그때부터 부자들의 독서법을 따라 하기 시작했다. 그동안 책을 사면 깨끗이 읽고 책장에 꽂아 두기를 좋아했는데, 이제 그런 방법으로는 책의 내용을 완전히 내 것으로 만들 수 없다는 것을 알게 되었다. 이황의 말처럼 책의 내용을 내 것으로 만들기 위해서는 책이 지저분해질 때까지 수없이 반복해서 읽어야 한다.

이렇게 몇 해 동안 독서를 계속 하다 보니 좋은 책을 함께 읽으면서 공유하고 싶다는 생각이 들었다. 그래서 '배나시(배움을 나누는 시간)' 강연을 기획해 각계각층의 사람과 독서토론을 열었고, 미니 특강을 통해 생각을 공유하며 책의 배움을 나눴다. 참고로 필자가 인상 깊게 읽고 추천하는 책은 다음과 같다. 만일 이 6권의 책 중에 아직 읽지 않은 책이 있다면 꼭 시간을 내 읽어보기 바란다.

『현명한 투자자』(벤저민 그레이엄 지음, 국일증권경제연구소)

『워런버핏의 주주서한』(워런 버핏 지음, 서울문화사)

『명견만리』(KBS 명견만리 제작팀 지음, 인플루엔셜)

『조한욱 교수의 소소한 세계사』(조한욱 지음, 교유서가)

『최종경고: 6도의 멸종』(마크 라이너스 지음, 세종서적)

『한경무크 궁금한 상속·증여』(김동욱 외 5명 지음, 한국경제신문)

사실 정치가든, 학자든, 예술가든 우리에게 널리 알려진 사람들은 대부분 독서를 즐겼다고 해도 과언이 아니다. 달리 말하면 천재나 위인은 타고나는 것이 아니라 독서를 통한 자기성찰과 노력을 통해 탄생하는 것이다. 마지막으로 조선 최고의 개인 장서가 최한기의 말을 곱씹어보기 바란다.

"이 책 속에 나오는 사람이 나와 같은 시대에 살고 있는 사람이라고 한다면 천 리라도 불구하고 찾아가야만 할 텐데 지금 나는 아무 수고도 하지 않고 가만히 앉아서 그를 만날 수 있다. 책을 구입하는 데 돈이 많이 들기는 한다지만 식량을 싸 가지고 먼 여행을 떠나는 것보다야 훨씬 나은 것이 아니겠느냐?"

2장

부의 방향:

당신과 돈이
가야 할 방향

당신의 노동가치는
오르지 않는다

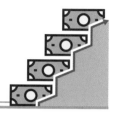

'영끌 투자'라는 말이 유행하고 있다. 이는 영혼까지 끌어 모아 빚을 내서 집이든, 주식이든 사겠다는 2030의 현실을 보여주는 단어다. 최근 부동산, 주식, 암호화폐 등 투자자산의 가치가 급등하면서 부모 세대처럼 착실히 월급을 저축하던 2030은 큰 상실감을 맛보고 있다.

특히 요즘 드는 생각은 집값이 올라도 너무 올랐다는 것이다. 몇 달 사이 억 단위로 집값이 바뀌는 것을 볼 때면 마음이 참 착잡하다. 집값이 하락할 것이라 굳게 믿고 있던 무주택자들의 심정이 떠올라서다. 지금의 부동산 가격을 보면서 그들은 과연 무슨 생각을 하고 있을까?

필자는 금융 전문가지만 고객의 자산을 관리할 때 금융상품에만 투자하는 우를 범하지 않는다. 왜냐하면 부동산의 자금이 금융 시장으로 흘러오고, 금융상품의 수익이 부동산으로 순환되는 과정을 피부로 느꼈기 때문이다. 그럼에도 일부 전문가는 금융과 부동산을 별개로 보고, 금융상품만 권유하거나 부동산 투자만 권유하기도 한다. 그러나 큰 부를 이룬 사람들의 포트폴리오를 보면 금융자산과 부동산을 적절히 잘 배분한 경우가 많다. 당연한 이야기지만 부자가 되고 싶다면 실제로 부를 만들고 늘리고 있는 부자의 비결을 배워야 한다.

근로소득만으로는
부족한 이유

지금으로부터 30여 년 전, 대한민국의 경제성장률은 10%를 웃돌았다. 하지만 30년이 지난 지금은 1%대의 성장률을 보이고 있다. 코로나19의 영향도 있지만 어느 정도 국가의 경제가 궤도에 오르게 되면 필연적으로 저성장 시기에 접어들 수밖에 없다.

경제성장률이 중요한 이유는 이 수치가 우리의 노동가치와 매우 밀접한 관계에 있기 때문이다.

한국교육개발원 통계에 따르면 2020년 기준으로 우리나라 일반고 졸업생의 79.4%가 대학에 진학하고 있고, 특성화고 졸업생의 대학 진학률도 점점 높아지고 있다. OECD 평균 대학 진학률 44%와 비교하면 대한민국의 대학 진학률은 매우 높다고 볼 수 있다. 대학에 진학하는 진짜 이유는 무엇일까? 필자는 매 학기 첫 수업을 시작할 때마다 제자들에게 대학 진학의 목적에 대해 설문한다. 그러면 대부분 원하는 곳에 취업을 하기 위해 대학에 진학했다고 대답한다. 취업을 하기 위해서 대학에 진학해야 한다는 이 공식은 언제부터 우리에게 확신에 가까운 믿음이 되었을까?

4년제 기준으로 대학교 등록금은 연간 평균 700만 원 정도인데, 4년이면 약 3천만 원 정도의 돈을 학비에 투자하는 셈이다. 돈뿐만 아니라 소요된 시간까지 고려하면 대학 진학을 위해 포기한 기회비용을 생각하지 않을 수 없다. 결국 대학에 입학하는 가장 큰 목표는 졸업 후 내가 원하는 일자리를 얻어서 자산을 늘려갈 수 있는 기회를 얻는 것인데, 이러한 믿음은 실제 취업 준비를 시작하면서 산산조각 나고 만다. 대학 졸업장이 취업을 보장하던 시대는 지났기 때문이다.

그렇다고 과연 실업률 문제를 개인의 역량 부족 때문이라고 단정 지을 수 있을까? 필자는 양질의 일자리가 사회 전반에 턱없이 부족하고, 그나마도 특정 지역에 쏠려 있는 사회구조적 문제가 크다고 생각한다. 실제로 선호하는 업종의 일자리 80% 이상이 수도권에 밀집되어 있어 수도권과 비수도권의 격차는 날이 갈수록 심각해지고 있다. 또 업종별 채용의 양극화로 최근 자신의 성향에 맞춰 전공을 선택한 학생들은 사실상 혼돈의 상태에 빠졌다. 취업의 기회가 상대적으로 IT, 반도체, 헬스케어 등 몇몇 과에 유리한 방향으로 쏠려 있기 때문이다.

취업의 문은 점점 좁아지고, 취업을 하더라도 생각보다 적은 월급으로 인해 조기 퇴사를 고민하는 청춘이 늘고 있다. 입사한 순간부터 이직을 준비하는 경우도 많다. 왜 이렇게 되었을까? 생각해보면 답은 간단하다. 대학을 진학하면서 투자한 인풋대비 아웃풋의 만족도가 떨어지기 때문이다. 즉 나에게 매달 들어오는 근로소득만으로는 부동산과 같은 투자자산의 급격한 상승분을 따라 잡을 수 없기 때문이다. 청년 세대가 무기력 상태에 빠진 이유다. 이러한 무기력은 청년 세대를 건전한 투자보다는 짧은 시간에 일확천금을 얻을 수 있는 투기로 이끈다. '한 방'의 유혹에 흔들린 이들은 대부분 슬픈 결말을 맞게 된다.

소득에 대한
패러다임의 변화

노동을 통한 소득활동은 예나 지금이나 가치 있게 존중받아야 한다. 왜냐하면 이것이 단순히 돈을 버는 것이 아닌, 나의 성장과 미래를 만들어가는 과정이기 때문이다. 월급이 너무 적다고, 푼돈이라며 우습게 보면 안 된다. 실제로 '이 돈을 버느니 안 받고 말지.' 하고 전업 투자자 혹은 자영업자가 되었다가 독이 되어 돌아온 사례를 많이 봤다.

따라서 이제는 소득에 대한 패러다임을 바꿔야 한다. 열심히 직장만 다니는 것이 아니라, 열심히 직장 생활을 하며 추가 소득을 벌 수 있는 아이디어를 연구하고 고민해야 한다. 적은 월급이라도 잘 아껴서 목돈을 만들고, 이를 바탕으로 투자를 통해 추가 수익을 창출해야 한다. 생각의 스위치를 바꿔 부의 기회를 포착해야 한다.

소득의 종류는 크게 근로소득, 사업소득, 재산소득, 이전소득이 있다. 우리는 사실 살면서 소득의 종류도 정확히 배운 적이 없다. 그렇기에 사회초년생은 부모님이나 주변에서 노동을 통해 버는 돈이 알고 있는 소득원의 전부일 수 있다. 하지만 시대가 바뀐 만큼 한 사람이 다양한 부의 활동을 통해 소득을 높일 수 있다는 것을 알고 있어야 한다.

이렇게 생각의 흐름을 바꾸면 더 이상 자산가격의 상승을 한탄하며 부정적인 생각으로 세상을 바라보지 않게 된다. 오히려 더 많은 수입 창출의 기회를 연구하게 될 것이다. 이러한 생각의 실천을 통해 '부자'라는 궁극적인 목적에 도달할 수 있다.

자산관리의 첫 단추, 종잣돈 모으기

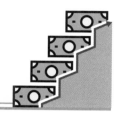

'시작이 반'이라는 말을 자산관리에 적용하면 '종잣돈 마련이 반'과 같은 의미로 볼 수 있다. 종잣돈은 영어로 시드머니(Seed money)라고 한다. 나무가 열매를 맺기 위해서는 땅에 씨앗(Seed)을 뿌려야 한다. 씨앗을 뿌리지 않고 열매를 바라는 것은 허황된 꿈이다. 조상들의 지혜를 보자. 가뭄이 들고 배가 주려도 절대 종자벼는 먹지 말라고 했다. 이것을 먹으면 계속된 굶주림으로 나중에 더 큰 고통을 받게 될 걸 알기 때문이다.

"오 대표님, 3년 안에 1억 원을 만들 방법 없을까요?"

종잣돈의 필요성에 대해 조언하면 고객의 대부분은 위와 같이 이야기한다. 이러한 고객에게 필자는 목표를 설정하는 것보다 '실현하는 것'이 더 중요하다고 강조한다. 목표는 '3년 안에 1억 원 만들기'인데 재무 상황과 과정은 그에 맞지 않게 허황된 경우가 많다.

필자가 만난 부자들은 어떠한 일이 있어도 종잣돈을 쪼개고 싶어 하지 않았다. 그 이유는 5억 원이든, 10억 원이든 쪼개지는 순간 빠른 속도로 푼돈이 된다는 것을 알기 때문이다. 리스크가 큰 투자를 할 때도 종잣돈의 규모는 되도록 유지하고 싶어 했다. 그래서 이들에게 자산관리의 목표는 적절한 '위험관리'에 있다.

필자는 종잣돈의 중요성을 50대 초반에 은퇴한 사업가 A고객과의 상담을 통해 다시 한번 깨닫게 되었다. A고객은 종잣돈만 있으면 성공으로 갈 수 있는 기회가 더 빨리 찾아온다고 강조했다. 해외 무역업을 했던 A고객은 어느 날 우연히 명품 브랜드를 수입할 수 있는 활로를 개척하게 되었다. 이때 사업에 필요한 자금은 5천만 원 정도였는데, 다행히 결혼 전부터 창업을 목표로 종잣돈을 잘 모은 덕분에 기회를 잡을 수 있었다. 결과적으로 회사를 다니면서 해외 무역업을 할 때보다 더 큰 성공을 이루게 되였고, 투자금 5천만 원은 50억 원 이상의 수익으로 돌아왔다.

A고객은 종잣돈의 중요성에 대해 "살면서 돈을 벌 수 있는 기회는 누구에게나 분명히 온다. 종잣돈은 그 기회를 잡을 수 있는 동아줄과 같다."라고 말했다. 종잣돈을 모으는 것은 결심만 한다고 이뤄지지 않는다. 그래서 강제성을 띄더라도 적금이나 장기 저축상품을 통해 반드시 관리해야 한다.

준비된 사람만이
기회를 잡는다

매달 300만 원의 고정수입이 있다고 가정해보자. 만일 계획 없는 소비를 하고 있다면 종잣돈을 모으기 쉽지 않을 것이다. '남은 돈으로 저축하면 되지.' 하고 안일하게 돈 관리를 하면 본인보다 수입이 적은 사람에게 뒤처질 수 있다. 필자가 만난 사람들은 대부분 월 300만 원으로는 생활하기도 빠듯해 저축은 생각도 못 한다고 이야기한다. 그러나 만일 월급날에 강제적으로 적금 자동이체를 신청해 매달 100만 원씩 저축하면 어떻게 될까? 좋든 싫든 남은 200만 원으로 한 달을 살게 될 것이다. 저축을 하면 심리적으로도 마음이 풍족해진다. 지금 내가 쓰지 못한

100만 원에 대한 아쉬움보다 차곡차곡 돈이 모이는 계좌를 보며 느끼는 뿌듯함이 더 클 것이다. 시간이 흘러 100만 원씩 1년간 저축하면 종잣돈은 1,200만 원이 되고, 장기 저축상품으로 10년간 운용하면 1억 2천만 원의 원금에 복리로 불어난 이자까지 더해진다.

저축에 대해 몇몇 사람은 조삼모사라고 부정적인 이야기를 하곤 한다. 하지만 저축을 해본 사람은 안다. 훗날 손에 쥐게 될 종잣돈이 미래에 얼마나 큰 역할을 하는지. 큰돈을 벌 수 있는 기회는 준비된 사람만이 잡을 수 있다.

종잣돈을 모으기 위해서는 우선 돈을 모으는 목적이 분명해야 한다. 목적과 기간이 분명하면 돈을 모으는 일이 즐겁고 유쾌해진다. 동생과 함께 10일 일정의 유럽여행을 다녀온 적이 있다. 패키지여행이어서 여러 사람과 동행하게 되었는데, 그때 결혼 10주년을 기념해 아들과 딸을 데리고 왔다는 한 부부를 만나게 되었다.

이들 부부는 신혼 첫날밤에 결혼 10주년이 되면 가족과 함께 유럽여행을 가자고 약속했다고 한다. 그때부터 매월 일정 금액씩 저축했고, 긴급한 일이 생겨도 절대 이 돈은 해약하지 않고 가족의 꿈을 담아서 지켜냈다. 남편은 아내의 헌신 덕분에 목표를 이룰 수 있었다며 아내에게 감사의 마음을 전했다. 필자는 이 이야기를 들으면서 가슴이 뭉클해졌다. 여행 기간 동안 그 가족을 가까이에서 지켜보면서 '나도 결혼을 하면 저런 모습으로 살고 싶다.' 하고 생각했다.

이처럼 돈은 목적이 분명할 때 더 빠르게, 즐겁게 모을 수 있다. 목적 없이 유행처럼 남들이 하니깐 나도 3년 안에 1억 원을 모으겠다는 생각으로 가볍게 시작하면 1년도 지나지 않아 포기하게 될지 모른다. 하지만 돈을 모으는 이유가 명확하다면, 즉 돈에 꼬리표를 달아준다면 종잣돈을 모으는 과정이 더 수월해진다.

특히 내 집 마련을 꿈꾸고 있다면 종잣돈은 필수적이다. 은행에서 대출 업무를 하면서 배운 것은 대출은 받을 수 있는 한도가 정해져 있다는 것이다. 집값이 5억 원이라면 금융기관에서 5억 원 전체를 대출받을 수는 없다. LTV·DTI 등 정해진 한도가 있어서 최소한 몇천만 원의 종잣돈은 있어야 내 집 마련을 계획할 수 있다. 요즘처럼 전셋값은 계속 상승하는데 집값은 정체되어 있다면 대출을 활용하는 것도 한 방법일 수 있다. 왜냐하면 전셋값 상승으로 이사가 잦아지면 이에 따라 이사 비용과 부동산 거래 비용이 누적될 수 있기 때문이다. 대출을 활용하지 않고 내 집을 마련하면 제일 좋겠지만, 현실적으로 어느 정도 목돈이 모였다면 대출을 활용하는 게 효율적이다.

종잣돈을 모으는
세 가지 방법

다시 한번 강조하지만 많이 번다고 많이 모으는 것은 아니다. 돈이 새 나가는 것을 방치하지 말고, 의도적으로 돈을 모으는 방법을 실천해야 한다.

"금리가 낮은데 저축하는 게 큰 의미가 있을까요?"
"적금 이자가 물가상승률을 따라갈 수 있나요?"

가끔 이렇게 여러 핑계를 대며 저축을 피하는 사람이 있다. 이는 하나는 알고 둘은 모르는 무지한 생각이다. 금리가 낮은 것은 부자들에게도 동일하다. 그렇지만 부자들은 저축의 중요성을 누구보다도 잘 알고 있고, 종잣돈을 모으는 데 전력을 다한다.

돈을 모아본 경험이 없는 사람일수록 저축을 지루하게 생각하는 경향이 있다. 지금 당장의 소비가 내 삶을 더 풍요롭게 한다고 주장하기도 한다. 이런 생각을 가지면 부의 격차만 점점 벌어질 뿐이다. 그렇기에 지금부터라도 종잣돈의 중요성을 깨닫고 저축하는 습관을 키워야 한다. 사고 싶은 것 다 사고, 쓰고 싶은데 다 쓰면 돈은 모이지 않는다. 아끼고 절약할 때 이자라는 선물과 함께 종잣돈이 쌓이는 것이다. 종잣돈을 모으기 위해서는 다음의 세 가지를 명심하자.

1. 목표를 구체적으로

첫째, 목표를 구체적으로 수치화한다. 1년에 1천만 원을 모으고 싶다면 1천만 원을 12개월로 나누면 된다. 즉 매달 최소 84만 원씩 모으면 되는 것이다. 이처럼 계획을 구체적으로 세우면 지출을 수월하게 통제할 수 있다.

2. 목표는 현실적으로

둘째, 목표는 현실적이어야 한다. 수입을 고려해서 목표를 세워야 동기부여도 된다. 현실과 괴리감 있는 목표는 자괴감을 불러일으킨다.

3. 목표는 달성 가능한 수준보다 좀 더 높게

셋째, 목표는 달성 가능한 수준보다 좀 더 높게 세운다. 만약 매월 200만 원의 수입이 있다면 월 10만 원씩은 충분히 저축할 수 있다. 그래서 매달 10만 원씩 저축해 1년에 120만 원을 모으겠다는 계획을 세우면 수월하게 달성할 수 있다. 하지만 별다른 노력 없이 성취된 목표는 동기부여에 도움이 되지 않는다. 목표 저축액은 쉽게 달성 가능한 수준보다 좀 더 높게 잡는 것이 좋다.

결론적으로 목표를 구체적으로 수치화하고, 수입 대비 현실적인 목표를 세우되 성취감을 느낄 수 있는 수준의 목표액을 설정하는 것이 종잣돈 형성에 유리하다. 더불어 이러한 목표를 세웠다면 구체적인 행동을 하기 전에 전문가의 도움을 받아 객관적인 조언을 받을 필요가 있다.

방향성과 속도, 두 마리 토끼를 잡고 싶다면 머뭇거리지 말고 지금 바로 저축을 시작해보자. 시간이 가장 큰 자산이기에 빨리 시작할수록 더 많은 종잣돈을 모을 수 있다.

왜 항상 내가 팔면 오르고, 내가 사면 떨어질까?

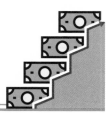

투자 시장이 크게 하락하면 고객들은 이러한 공통된 질문을 한다.

"왜 항상 내가 팔면 오르고, 사면 떨어질까요?"

모든 투자에서 성공하는 방법은 아주 간단하다. 쌀 때 사서 비쌀 때 팔면 된다. 하지만 이 간단한 진리를 실제로 실천하는 투자자는 거의 없다. 왜냐하면 내가 산 시점의 가격이 싼지 비싼

지 정확히 알 수 없기 때문이다.

가치투자자 찰스 브란데스(Charles Brandes)는 "기업들의 장기적이고 기본적인 자산 창출 펀더멘털에 주목해야 한다. 단기적인 변동성에만 주목하면 그것은 투기다."라고 말했다. 펀더멘털(Fundamental)은 기업의 기초체력과 같다. 기초체력이 튼튼한 기업은 시장에 변수가 생겼을 때 보다 유연하게 잘 대처할 수 있다. 그러나 대부분의 투자자는 기업의 펀더멘털보다 단기적인 수익률, 즉 주가의 단기 변동에 더 집중하는 것 같다.

리스크를 감수하고 주식에 투자하는 이유는 무엇일까? 열이면 열 모두 이익을 원한다. 하지만 결과적으로 10명 중 절반 이상은 자신이 원했던 수익을 얻지 못하고 손실을 경험한다. 투자를 할 때 모든 변수를 통제할 수 없다는 점을 감안하더라도 이러한 결과는 투자에 대한 관점을 다시 생각하게 한다.

투자에 대한 관점을 다시 디자인하라

10여 년 전 초보 투자자에게 황금기가 있었다. 중국 증시가 뜨겁게 떠오르며 테마와 섹터 구분 없이 중국에만 투자하면 누구나 몇 개월 안에 수익을 20~30%가량 낼 수 있었다. '중국'이라고는 이웃나라라는 것 외에는 아무것도 모르던 옆집 아주머니도 중국 주식에 투자해 큰 수익을 낼 정도로, 당시에는 너도나도 중국에 투자했다. 갖고 있던 예금을 해약해 무작정 중국 펀드에 불입하는 무모한 투자자도 많았다. 필자 역시 그 당시 중국에 투자해 큰 수익을 냈다. 이러한 경험이 누적되자 은연중에 '투자를 하면 당연히 3~4개월 안에 20~30% 수익을 내는 것이 맞지.' 하는 생각을 갖게 되었다. 그러나 아무런 공부 없이 쉽게 고수익을 낸 경험은 시장이 폭락할 때 악재로 작용한다. 시장의 변동성이 커지면 준비가 안 된 초보 투자자들은 제대로 대응하지 못하고 낭패를 보게 된다.

자산관리 업무를 하다 보면 지속적으로 성장 가능성이 높은 지역과 종목에 대한 정보를 업데이트 받는다. 관련 정보를 취합해 적합한 투자처를 고객에게 제안하는데, 정보를 제안받는 그 시점의 가격이 항상 싸다고 보기는 어렵다. 예를 들어 1천 원이 적정가인데 800원일 때 투자 정보를 받아볼 수도 있고, 1,200원일 때 눈에 들어올 수도 있다.

정보를 제공해주는 것은 금융·경제 전문가의 몫이지만 판단은 고객의 몫이다. 물론 적정가보다 비싸도 가격이 계속 오를 것으로 예상하는 리포트가 많으면 그 정보를 근거로 추천을 하기도 한다. 이러한 이유로 일반 투자자는 자신이 투자하는 시점이 좋은 가격인지 알기 어렵다. 필자도 자산관리 업무를 하기 전에는 '투자는 대박 아니면 쪽박'이라고 생각했다. 이러한 생각을 갖고 투자를 했기에 중국에 투자해 단기간에 큰 수익을 냈을 때 어깨가 한껏 올라갔다.

'투자로 돈 버는 것 너무 쉽다. 이러면 금세 부자 되겠네.'

이때는 하루가 다르게 중국의 주가가 올랐기에, 수익이 나면 이를 다시 중국에 재투자했다. 그런데 어느 날부터 조금씩 가격이 내려가기 시작했다.

'왜 이러지? 왜 가격이 매일 내려가지?'

시장이 흔들리자 두려움이 생겼다. 수익이 났을 때도 이유를 몰랐지만 주가가 하락할 때도 정확한 이유를 몰랐다. '묻지마 투자'가 다른 게 아니다. 정확한 정보 없이 수익을 좇아 결정을 내리면 그게 바로 묻지마 투자다.

시장이 흔들리면 투자 경험이 적을수록 패닉 상태에 빠지기 쉽다. 펀드 투자는 처음이라며 3천만 원을 갖고 온 B라는 고객이 있었다. 몇 시간에 걸쳐 투자의 기초부터 차근차근 설명하고, B고객의 성향에 맞는 투자상품을 제안했다. 결국 신중에 신중을 기하다 한 펀드에 가입했는데, 한 달 뒤 신문에 부정적인 기사가 많다며 환매를 요청했다. 결국 B고객은 수수료만 손해 보고 투자를 철회했다. B고객의 마음이 이렇게 갈대처럼 흔들리는 이유는 투자에 대한 자신만의 철학이 없기 때문이다. 시장 하락에 관한 기사가 나오면 겁을 먹고, 수익을 내겠다는 원래 목적을 잃은 채 즉흥적으로 결정을 내린다.

두려움으로 그때그때 즉흥적으로 결정을 내리는 고객과 상담을 하면 마음이 편치 않다. 투자에 대한 자신만의 소신과 기준이 뚜렷하지 않으면 주식, 펀드, 부동산 등 어떤 상품에 투자해도 계속 비슷한 패턴을 보이게 된다. 결과적으로 매번 이리저리 휘둘려 손실을 경험한다.

필자는 시장이 흔들릴 때마다 투자레터를 통해 고객이 투자자로서 현명한 선택을 할 수 있도록 다양한 자료를 분석해 제공한다. 특히 미국 금리 인상과 같은 이슈는 그 어떤 이슈보다 중요한 만큼 맥락을 잘 짚어 설명한다. '나는 국내 시장에만 투자하는데 미국 연준의 발표가 왜 중요하지?' 하고 생각할 수도 있다.

실제로 국내 시장에 투자하는 대부분의 고객은 국내 주식이 얼마만큼 올랐거나 내렸는지에만 관심을 갖는다. 그러나 장기적인 관점에서 투자를 하는 부자들은 미국의 행보에 주목한다. 단적인 예로 미국의 금리가 올랐을 때 국내 주가에 어떤 영향을 미칠지 미리 예상하고 대응할 준비를 한다. 이러한 과정이 반복되면 눈앞의 이슈가 이벤트적인 요소인지, 장기적인 재료인지 분별할 수 있는 힘이 생긴다.

물론 시장을 볼 줄 아는 힘은 하루아침에 생기지 않는다. 하지만 전체적인 흐름을 읽어내는 능력을 키우겠다는 생각으로 꾸준히 시장을 관찰하면 조금씩 변곡점이 눈에 들어올 것이다. 경기 흐름을 이해하고 싶다면 나무가 아닌 숲을 봐야 한다.

시장은 유동적이다. 이 말의 의미는 시장의 가격이 늘 움직인다는 뜻이다. 그 움직임을 추적하다 보면 역사적인 사건이 등락에 영향을 미친다는 것을 알게 된다. 이러한 관점으로 시장을 모니터링하면 자신만의 안목을 키울 수 있다.

투자에 대한 관점을 다시 디자인해야 한다. 시장을 보는 눈을 키우면 장기적인 가치투자가 가능해진다. 우리나라도 투자에 대한 관점을 새롭게 디자인해 성공하는 사례가 늘고 있다. 투자 경험이 풍부한 50대 남성 C고객은 2008년 글로벌 금융위기 당시 남들과 다른 선택으로 변동성에 대응했다. 주가와 부동산이 큰 폭으로 하락하면 대부분의 사람은 버티지 못하고 매도를 결심한다. 필자도 변동성이 커지면 포트폴리오를 조금 보수적으로 리밸런싱(운용하는 자산의 편입 비중을 재조정하는 일) 하자고 제안한다. 그러나 C고객은 오히려 필자에게 지금이 투자의 적기라고 주장했다.

> "오 대표님, 이번 위기는 분명 IMF 외환위기 때처럼 부자가 될 수 있는 절호의 찬스가 될 거예요. 좀 더 공격적으로 투자하고 싶습니다."

필자는 '이렇게 불안함이 증폭된 상황에서 정말 공격적인 투자를 할 수 있을까?' 하는 의구심이 들었다. 그러나 C고객은 과거의 투자 경험을 살려 과감히 우량주를 매입하고, 급매물로 나온 압구정 아파트에 투자했다. 정상 범위보다 저렴해진 가격으로 매물이 나오자 투자 결정을 내렸고, 훗날 이때 투자한 아파트로 수억 원의 차액을 남겼다. 이후에도 C고객은 정부의 부동산 정책과 그 흐름을 공부하면서 부동산에 투자했고, 곧 슈퍼리치가 되었다.

이처럼 부자가 되기 위해서는 남들이 살 때 팔 수 있고, 남들이 팔 때 살 수 있는 용기가 필요하다. 시장의 움직임을 볼 때 왜 시장이 이렇게 흘러가는지 그 '이유'를 알려고 노력하는 자세가 중요하다. 가격이 올랐다면 왜 올랐는지, 내렸다면 왜 내렸는지 그 이유를 정확히 알게 되면 '묻지마 투자'를 하는 일은 없을 것이다.

가치투자란 안목을 볼 줄 아는 힘에서 나오는 것이다. 이제부터 일희일비하는 투자는 지양하자. 그리고 장기적으로 성공적인 투자를 이어가는 부자들의 투자 관점을 본받기 바란다.

부자들의 자산은
선택에 의한 성적표다

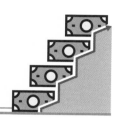

    세상에는 자신의 인생을 스스로 개척하는 사람과 그 반대로 자신의 인생에 끌려다니는 사람이 있다. 전자는 주인 의식을 갖고 생각한 대로 살기 위해 노력하는 반면, 후자는 인생의 핸들을 타인에게 양도한다. 그동안 필자가 만난 슈퍼리치는 대부분 자신이 원하는 바를 정확히 알고 주도적인 삶을 살았다.

    철학자 프랜시스 베이컨(Francis Bacon)은 "현명한 사람은 주어지는 것보다 더 많은 기회를 만든다."라고 했다. 이는 좋은 때를 놓치지 않고 잡는 것이 중요하다는 의미다. 사람들은 모두 자신에게 주어진 기회를 잡고 싶어 한다. 기회만 잘 잡아도 성공의 사다리를 타게 되기 때문이다. 그러나 이러한 기회는 안타깝게도 잘 보이지 않고, 제때 잡기란 더욱 힘들다. 그래서 부자들은 통찰력과 지혜로 이러한 기회를 잡기 위해 정성 어린 노력을 기울인다.

누구나 일생에 몇 번은 운명을 바꿀 기회를 만난다. 그러나 소수의 사람만이 실제로 그 기회를 잡고 성공한다. 이러한 기회를 잡기 위해 가장 필요한 것은 위험과 두려움, 어려움을 직면하고 견뎌낼 수 있는 정신적이고 도덕적인 힘, 즉 용기다.

금융권은 타 업종 대비 높은 연봉을 받지만 인원 감축과 구조조정 문제에 취약하다는 치명적인 단점이 있다. 10년 이상 금융권에서 근무하면서 필자 역시 불안한 미래에 대비해야 했다. 그래서 직장인의 삶을 살다 사업을 시작한 고객과 만나면 "사업할 때와 직장인으로 살 때, 어느 삶이 더 행복하신가요?"라고 묻곤 했다. 그러면 대부분 "지금이 더 행복합니다."라고 답했다. 그 중 한 고객은 이렇게 되묻기도 했다.

"안정적인 회사는 왜 나오려고 해? 사업이 얼마나 힘들고 위험한데."

그는 살면서 정말 위험한 것은 '삶의 통제권을 남에게 주는 것'이라고 덧붙였다. 더불어 내 삶의 선택을 내가 할 수 없는 것만큼 위험한 것은 없다며, 만일 퇴사하게 되면 진취적으로 삶을 개척하라고 조언했다.

이 말을 듣고 성공적으로 자산을 늘린 고객들의 면면을 떠올리니 한 가지 공통점이 있었다. 바로 크든 작든 자신의 사업을 통해 자산을 키웠다는 점이다. 이들은 수입을 늘릴 방법을 연구하고 돈을 벌 수 있는 시스템을 만들었다. 그리고 자신의 선택을 믿고 밀어붙이는 '용기'로 기회를 잡았다. 사실 사업을 한다고 모두 성공하는 것은 아니다. 실패하는 이들도 많기에 누구나 생각은 한번 해보지만 실행하는 경우는 드물다.

내 삶을 누가 대신 살아주는 것도 아닌데 매 순간 선택을 할 때마다 가족, 지인의 의견에 귀 기울이는 경우가 많다. 이러한 성향은 모범생으로 인정받고 자란 고학력자일수록 더욱 그렇다. 좋은 대학을 나와 좋은 대기업에 취업해야 성공한 인생이라고 생각하는 이유가 여기에 있다. 주변 사람들에게 인정받고 자란 사람은 틀을 벗어난 선택에 대한 경험이 거의 없다. 반면 모험을 할 줄 아는 성공자는 남의 말에 귀 기울이며 고민할 시간에 가능성을 찾고 치열하게 따져본다. 타인이 주는 답이 항상 정답은 아니라는 자기 확신이 있기 때문이다. 자신이 선택한 과정과 결과에 대해 책임 의식을 갖고, 스스로 원하는 방향으로 삶을 이끌어간다.

이러한 성향의 차이는 자산관리를 할 때도 동일하게 나타난다. 단순한 예로 정기예금 가입이 목적이라면 그냥 금리만 비교해보면 된다. 예금은 손실에 대한 위험이 없어 'A은행과 B은행 중에 금리가 어느 쪽이 더 좋지?' 하는 변수만 생각하면 되는 것이다. 하지만 투자를 할 때는 고려해야 하는 변수가 훨씬 많다. 그래서 자산관리를 성공적으로 하는 고액 자산가는 늘 다양한 변수를 타진하고, 리스크와 가능성을 점검하고, 기대수익률을 판단한 후에 선택을 한다. 이러한 판단은 직관력을 키워주고 자산을 키우는 안목을 갖게 한다.

삶을 주도적으로 이끌어가는 사람은 충분히 검토하고 승산이 있다고 판단되면 과감히 투자를 결정한다. 하지만 계속 타인의 생각에 이끌려가는 삶을 산 사람은 투자를 할 때도 우유부단하게 선택을 잘 내리지 못한다. 매 순간 어떤 선택을 했는지에 따라 결과가 달라지듯 부자들의 자산도 선택에 의한 성적표라는 것을 명심하자. 성공과 부는 저절로 이뤄지지 않는다. 끊임없이 과거를 돌이켜보며 실수를 반복하지 않도록 지혜를 키워야 한다. 꼼꼼하게 계획하고 자신에 대한 믿음으로 기회를 잡아야 한다.

물론 어려운 결정을 내려야 할 때가 있다. 이때는 원칙을 지키고 본질에 충실하면 좋은 선택을 할 수 있다. 그리고 장기적인 시각으로 자신을 믿고, 자신이 잡은 기회가 나중에 더 큰 이득으로 돌아온다는 생각으로 밀어붙이면 된다. 사업가를 꿈꾸고 진정한 의미의 성공을 바라는 사람이라면 꿈만 꾸거나 가만히 앉아서 기회가 오기만 기다려서는 안 된다. 자리가 없다면 스스로 일어나 기회를 만들고, 기회가 왔을 때 위험을 무릅쓰고 베팅할 줄 알아야 한다.

자신은 가진 것이 없다며 기회가 오지 않는다고 말하는 사람도 있다. 필자의 주변에도 이런 말을 입에 달고 사는 사람이 있다. 그런 사람은 인생을 바꿀 기회가 찾아와도 발견하지 못한다. 부자는 하루아침에 되지 않는다. 매일 내가 선택하고 결정한 것에 대한 결과물이 자산관리의 성적표가 된다.

결혼한 지 3년 정도 된 30대 D고객은 투자 경험이 적어 상품을 선택하는 데 많은 시간이 걸렸다. 여러 금융상품을 제안했음에도 결국 D고객은 2% 이자를 받는 예금에 가입하는 데 만족했다. 반면 같은 시기에 만난 또 다른 30대 E고객은 투자에 대해 관심이 많고 식견도 깊었다. 그래서 상품을 고르는 데 오랜 시간이 걸리지 않았다. 결과적으로 E고객은 필자가 제안한 적극적인 포트폴리오로 정기예금의 이자보다 몇 배 높은 수익을 냈다. 두 사람의 수익률이 달라진 가장 큰 이유는 투자에 대한 안목에 있다. 안목을 키우기 위해서는 그에 맞는 투자 경험이 필요하다.

성공적인 자산관리를 위해서는 좋은 안목이 필요하다. 지금의 1억 원이 10년 뒤에도 과연 1억 원의 가치를 갖고 있을까? 물가상승률과 시장금리를 이길 수 있는 선택을 할 때 자산은 늘어난다.

투자 없이는 부자도 없다

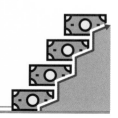

40대 후반 F고객은 조금 불안정한 직장을 다니고 있다. 그는 은퇴에 대비해 적절한 수입원을 만들고 싶다며 상담을 신청했다. 그래서 필자는 지금까지 자산을 관리한 방법과 투자 경험에 대해 물었다.

"예전에는 주식과 펀드 위주로 투자했어요. 그런데 자꾸 손해를 보니까 재미가 없더라고요."

실제로 상담을 하다 보면 비슷한 이야기를 하는 고객을 정말 많이 만난다. 수익을 내지 못하고 손해를 보면 위축되기 마련이다. 이러한 고객과 만나면 늘 다음과 같이 이야기한다.

"자신의 몸에 어떤 옷이 잘 어울리는지 알기 위해서는 몇 번이고 시행착오를 겪어야 합니다. 잘 맞는 스타일이나 브랜드를 알기 위해서는 안목이 필요한데, 안목을 키우고 싶다면 직접 옷을 사서 입어봐야 합니다."

투자 역시 마찬가지다. 안목을 키우는 가장 좋은 방법은 직접 경험해보는 것이다. 투자에 몇 번 실패했다고 해서 포기해서는 안 된다.

원금보장의
허와 실

투자는 곧 손실이라는 부정적인 인식을 갖지 않기 위해서는 목표가 뚜렷해야 한다. 목표가 뚜렷하면 자신이 감내할 수 있는 리스크 정도를 알 수 있다. 그렇지 않으면 단기적인 성과에 연연해 리스크가 큰 상품에 무턱대고 진입하게 된다. 그러고 나서 손해를 보면 '내가 투자하면 무조건 손실이 난다.' 하는 부정적인 의식으로 가득 차게 되는 것이다.

시중은행의 1년 만기 정기예금 금리는 평균적으로 2% 내외다. 지난 10여 년간 지속적으로 금리가 내려가면서 투자자들은 어떤 선택을 해야 할지 깊은 고민에 빠졌다. 예를 들어 금리가 1.9%인 정기예금 상품에 1년간 1억 원을 넣어두면 이자는 이자소득세와 주민세 15.4%를 제하고 약 160만 원 정도에 불과하다. 세금을 제하면 1.5% 정도의 이익을 가져가는 것인데, 이는 2021년 소비자물가상승률 2.5%에 미치지 못하는 수준이다. 즉 실질금리는 마이너스인 셈이다. 따라서 은행에 돈을 맡기면 맡길수록 손해를 보는 시대가 되었다.

이미 외국에서는 은행에 돈을 맡기고 이자를 기대하는 것이 아닌, 내 돈을 안전하게 맡길 수 있다는 데 의의를 두고 예금 시 서비스 비용까지 내고 있다. 이러한 상황이 우리나라도 조만간 도래할 것이다. 금리와 상관없이 돈을 집에 쌓아두고 살 수는 없기 때문이다.

저금리 고착화로 시중에 떠도는 돈도 계속 늘어났다. 유동성은 단기 금융상품에 집중 투자하는 머니마켓펀드(MMF)에 투입된다. 이런 자금은 시장 상황에 따라 언제든지 쉽게 뺄 수 있다는 장점이 있다. 정기예금은 약정된 기간이 돌아오기 전에 해지하면 이자가 거의 없지만, 머니마켓펀드나 증권사 CMA 상품은 예치 기간에 따라 수익을 얻을 수 있기 때문이다. 유동성 이슈는 앞으로 계속 심화될 것이다. 심지어 시중은행은 역마진을 우려하고 있다. 그만큼 시중은행도 수익을 낼 수 있는 투자처를 찾는 것이 힘들어진 상황이다. 시장의 지형이 바뀌면서 투자자들에게도 많은 변화가 생기고 있다. 공모주 청약 열풍을 보면 유동자금이 얼마나 많은지 실감하게 된다.

아직까지 원금보장의 늪에 빠져 정기예금만 붓고 있다면 지금이라도 다른 투자상품으로 눈을 돌려야 한다. 부자들은 원금보장 여부에 연연하지 않는다. 원금보장이란 말 그대로 내가 맡긴 돈에 대해 별다른 노력 없이 약속된 이자를 받을 수 있다는 뜻이다. 그렇기에 기대되는 이자 역시 시장금리 수준이다. 하지만 다양한 투자상품을 활용하면 스노우볼 효과를 기대할 수 있다.

종잣돈으로 투자를 하다 보면 이에 따라 추가로 수익이 생겨 또 다른 목돈이 만들어지는데, 부자들은 목표금액이 달성될 때까지 추가 수익에 손을 대지 않는다. 1억 원의 자금을 2억 원으로 늘리고 싶다면 자산이 2배로 늘어날 때까지 종잣돈에 손을 대서는 안 된다.

주식에 투자할 때 가장 좋은 종목은 미래 성장 가능성은 높고 현재 가격은 저렴한 '저평가 우량주'다. 그런데 종목 발굴보다 더 힘든 것이 중간에 돈을 회수하지 않고 투자를 지속하는 것이다. 즉 저평가 우량주가 무엇인지 몰라서 투자를 못 하는 것이 아니라, 일시적인 등락을 견디지 못해 사고팔기를 반복하는 게 문제다.

지금은 누구나 쉽게 해외 주식에 직접 투자할 수 있는 시대다. 과거 문턱이 높던 시절부터 해외에 설정된 역외펀드에 가입해 꾸준히 적립식 투자를 해오던 고객이 있다. 그는 다른 이들이 국내 주식에 투자할 때 해외로 눈을 돌려 남들과 다른 결과를 만들었다. 시장의 변동성과 관계없이 꾸준히 8년 정도 투자하자 원금이 3배 이상 불어났고, 2008년 글로벌 금융위기 때도 달러로 운영되는 역외펀드이기에 오히려 환차익을 기대할 수 있는 상황이 되었다. 그 결과 현재 고객의 수익은 원금의 5배 이상이 되었다.

이렇듯 내가 투자할 투자처에 대해 확실히 조사하고, 여기에 확신이 더해지면 오랜 기간 목돈을 굴릴 준비가 된 것이다. 확신과 믿음 없이 투자하는 고객에게 필자는 다음과 같이 이야기한다.

"투자하고 매일 수익률을 들여다보면서 일희일비한다면 큰 수익을 기대하기 어렵습니다."

투자로 성공하고 싶다면 먼저 자기 자신과의 싸움에서 이겨야 한다. 자신과의 싸움에서 이기면 목표수익률에 도달하는 성과로 보답받게 될 것이다.

시간의 힘에
올라타라

은퇴는 빨라지고 기대수명은 길어지고 있다. 저성장·저금리의 여파로 '자식연금'도 기대하기 힘든 상황이다. 그렇기에 이제 적극적인 투자를 통해 스스로 노후를 준비하고 대비해야 한다. 노후를 준비하는 데 있어서 가장 큰 힘을 발휘하는 것은 '시간의 힘'이다. 하루라도 빨리 준비하는 사람은 그만큼 은퇴 이후의 삶에 대한 불안감을 줄일 수 있다. 종잣돈을 마련한 뒤에는 굴리는 힘이 필요한데, 이러한 힘은 바로 시간을 통해 얻을 수 있다.

간혹 투자를 로또처럼 생각하는 고객은 상담을 할 때 이러한 이야기를 한다.

"투자한 자금이 대박 나면 좋겠어요."

'대박'을 기대하는 고객은 대부분 채 3개월도 지나지 않아 자금을 회수하고 싶다며 찾아온다. 투자에 대한 기본적인 개념이나 마인드가 없기 때문에 변동성이 큰 시장을 이겨낼 마음의 근육이 없는 것이다.

다시 한번 강조하지만 부자는 하루아침에 나올 수 없다. 아무리 투자의 귀재라고 해도 처음부터 모든 투자에 성공할 수는 없다. 수많은 경험과 실패를 통해 자신에게 맞는 투자법을 찾아야 한다. 이러한 경험이 쌓이면 결과적으로 자신이 잘 아는 시장에 정착하게 되어 장기적으로 건강하게 투자할 수 있는 힘이 생긴다. 따라서 지금부터라도 올바른 투자법을 배우고, 안목을 키우는 데 힘쓰자. 이러한 노력은 시간이 지날수록 빛을 발할 것이다.

분산투자는 자산관리의 핵심

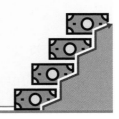

2008년 미국 투자은행 리먼브라더스가 파산하면서 전 세계 금융 시장은 큰 충격을 받았다. 벌써 십수 년이 지났지만 그때의 충격은 지금도 생생하다. 며칠 동안 악몽을 꾸면서 잠을 이루지 못했던 기억이 난다. 고객들의 자산이 적게는 50%에서 많게는 95% 가까이 없어졌기 때문이다. 한 바구니에 계란을 담지 말라는 원칙으로 자산을 분산투자했음에도 전 세계 자산이 모두 하락하면서 포트폴리오가 망가졌다. 이후 2020년 코로나19로 인해 글로벌 시장은 다시 한번 요동쳤고, 40~50% 이상 조정받은 시장이 많았다. 이처럼 금융 시장은 크게는 10년에 한 번씩 변동성이 커지는 상황이 반복되었다. 이럴 때마다 우리는 어떤 선택을 해야 할까?

2008년 글로벌 금융위기가 일어나기 전까지만 해도 투자 성과가 좋아서 상담을 하면 너무 수월했다. 한 달 이내에 10% 이상 수익을 낼 수 있는 상품이 많았기 때문이다. 그런데 전 세계 시장이 모두 조정을 받으면서 상황이 변했다. 사실 시장이 무너지면 분산투자는 큰 의미가 없어 보인다. 일단 거품이 있다는 뉴스가 보도되면 쓰나미처럼 모든 자산군이 하락하고, 금융권은 패닉 상태가 되기 때문이다.

자산관리 업무를 하면서 제일 힘든 시간이 바로 이런 상황이 벌어질 때다. 이때는 시장의 움직임을 예측할 수도 없고, 통제할 수도 없다.

"앞으로 어떻게 될 것 같아요? 반등할까요?"
"언제쯤이면 내 펀드가 플러스가 될까요? 전 재산을 투자한 거라 남편이 알면 큰일나요."

비슷한 질문을 하는 수많은 고객에게 당장 원하는 답을 줄 수 없어 자괴감이 들었다. 그러나 무엇이든 영원한 것은 없다는 걸 알기에 고객과 함께 힘든 시간을 견뎠다. 필자는 이 고통의 시간을 통해 분산투자가 시장이 어려울 때일수록 더 큰 힘을 발휘한다는 것을 알게 되었다. 또 분산투자야말로 자산관리의 핵심 원칙이라는 것을 깨달았다.

해답은 글로벌 자산배분

투자의 귀재 워런 버핏의 투자 원칙은 두 가지다.

제1원칙: 절대로 돈을 잃지 말라
제2원칙: 제1원칙을 절대 잊지 말라

그런데 투자를 하는 사람들은 이 두 가지 원칙을 잘 잊어버린다. 이 원칙을 잊지 않고 잘 지킬 수 있는 가장 좋은 방법은 분산투자다.

최근 국내 투자 환경이 척박해지면서 출구를 찾기 위해 고민하는 투자자가 늘고 있다. 오랜 시간 박스권에 갇혀 있던 코스피지수는 2021년 1월 드디어 3천을 돌파했지만 이후 다시 지지 부진한 등락을 반복했고, 2022년 1월에는 약 13개월 만에 코스피가 장중 2,800 아래로 무너졌다. 이렇게 변동성이 큰 상황이 오래도록 지속되면 투자자는 심리적으로 지치기 마련이다. 글로벌 투자 환경도 만만치 않다. 변동성이 커진 만큼 환율의 움직임이 요동치고 있다.

하지만 아무리 어려운 문제라도 시야를 넓히면 해답을 찾을 수 있다. 투자도 마찬가지다. 시장에 대한 시야를 넓혀 '글로벌 자산배분'으로 이상적인 포트폴리오를 구성한다면 적정 수준의 수익률을 기대할 수 있다. 분산투자를 하면 최고 수준의 수익률은 아니어도 시장의 평균 이상은 상회할 수 있다. 따라서 지금까지 국내 시장에만 관심을 갖고 있었다면 전 세계 시장으로 눈을 돌려야 한다.

필자는 외국계 금융기관에서 오랜 시간 자산관리를 했기에 글로벌 시장에 친숙했다. 이러한 경험은 해외 시장에 직접 투자하는 데 큰 도움이 되었다. 다행히 이제는 누구나 전 세계 시장에 직접 투자할 수 있고, 정보도 실시간으로 얻을 수 있다. 시대가 바뀌고 투자 환경이 바뀐 만큼 굳이 국내 주식과 채권만 고집할 필요는 없다. 또 투자 영역을 국내로 한정 짓는 것은 제대로 된 분산투자라 하기 어렵다. 전체 포트폴리오에서 국내 시장에 대한 비중은 30% 내외로 가져가는 것이 좋다.

참고로 투자 패턴에 정석은 없다. 예를 들어 과거 국내형 펀드로 30% 이상 큰 수익을 낸 고객은 계속 국내형 펀드만 고집하는 경향이 있다. 시장은 변하는데 계속 반복된 투자 패턴을 가져가고 싶어 한다. 왜냐하면 투자도 일종의 습관이기 때문이다. 그래서 국내 시장에 투자해 수익을 낸 고객은 분산투자를 제안해도 국내 시장에만 집중하곤 한다. 이 경우 국내 시장이 둔화되면 큰 손해를 보게 된다.

전 세계 시장은 계속 변하고 있다. 글로벌 정책의 기조가 저성장·저금리로 가는 만큼 이제는 수익에 대한 관점도 바뀌어야 한다. 이전까지는 투자를 하면서 무조건 빠른 시간 내에 수익을 내야 한다는 의식이 팽배했다면 달라져야 한다. 이제는 나의 자산을 안전하게 관리하는 '리스크 관리'의 관점으로 투자에 접근해야 수익률을 지킬 수 있다. 어쩌면 장기적으로 리스크 관리가 당장의 수익률보다 더욱 중요할지 모른다.

특히 ETF처럼 개별 종목이 아닌 지수를 추종하는 상품은 리스크를 관리할 수 있는 좋은 선택지다. 예를 들어 그린정책과 관련된 산업에 투자하고 싶은데 개별 종목에 투자하는 것이 부담된다면 ETF가 해답이 될 수 있다. ETF 투자로 리스크를 관리한다면 개별 종목보다 수익률은 낮을 수 있지만 장기적으로 안정적인 투자가 가능하다.

시장이 활황기일 때는 리스크 관리보다 수익률이 중요하게 여겨진다. 하지만 언제까지고 상승만 하는 시장은 없다. 단기간에 수익을 낼 수 있는 시장을 찾는 것은 갈수록 어려워지고 있고, 변동성도 날이 갈수록 커지고 있다. 따라서 고수익을 기대하는 주식형 상품에만 관심을 갖지 말고 정기적으로 배당을 지급하는 배당형 상품에도 분산투자를 해보자.

일반적으로 '배당'이라는 의미는 회사가 영업이익에서 얻은 일부분을 주주에게 지분에 따라 돌려주는 것을 의미한다. 경기가 좋고 활황기일 때는 배당보다는 사업에 재투자하는 것이 더 유의미할 수 있어 배당을 무조건 많이 한다고 좋은 기업인 것은 아니다. 하지만 사업에 재투자도 하지 않는데 배당도 없다면 투자 심리에 악영향을 미치게 된다. 이렇듯 기업의 배당 정책은 직간접적으로 주가에 많은 영향을 미치고 있다. 최근에는 우리나라 대기업도 예전보다는 배당을 많이 하려고 한다. 배당을 할수록 기업에 대한 신뢰가 커지기 때문이다. 지금처럼 저성장 국면에서는 기업의 배당성향에 관심을 가질 필요가 있다.

흔히 일본을 두고 우리나라의 미래를 보여주는 쌍두마차라고 비유한다. 고령화와 저성장·저금리 기조를 우리보다 앞서 경험하고 있기 때문이다. 일본은 인컴펀드와 하이일드채권 등 금융상품도 우리나라보다 다양하고, 자산관리에 대한 대중의 관심도 높은 편이다. 주식형 상품만으로는 리스크 관리가 어렵기에 일본에서는 인컴펀드나 하이일드채권에 분산투자하는 경우가 많다. 배당 이익도 함께 가져다주는 이러한 상품은 최근 우리나라에도 출시되어 성과를 내고 있다.

이처럼 한국 금융 시장에도 안정적으로 리스크를 관리할 수 있는 금융상품이 계속 늘어나고 있다. 그러므로 기존의 예금과 적금 위주의 투자에서 벗어나 다양한 투자처를 찾는 노력을 기울여야 한다. 투자를 할 때 한 곳에 '올인'하는 것만큼 위험한 것은 없다. 실패하지 않는 투자를 위해서는 반드시 국내 시장을 벗어나 해외 시장도 함께 살펴봐야 한다.

글로벌 자금의 동향만 봐도 분산투자가 왜 중요한지 알 수 있다. 투자자금이 한 곳에만 머물러 있는 게 아니라 수익이 나는 시장으로 계속 움직이기 때문이다. 이에 대응하기 위해 기본적인 투자 원칙을 세워서 자신의 포트폴리오를 관리해야 한다. 각 금융기관은 개인 투자자가 시장에 적절히 대응할 수 있도록 각종 시장 전망 자료와 글로벌 시장의 주요 이슈를 리포트 형식으로 제공하고 있다. 투자한 시장에 대한 정보를 꾸준히 습득해 통찰력을 키워야 한다. 아는 만큼 보인다는 것을 명심하고, 항상 공부하는 자세로 투자하기 바란다.

부자들은 0.1%
금리에 움직인다

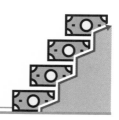

2022년 1월 한국은행은 기준금리를 1.25%로 인상했다. 22개월 만에 코로나19 직전 수준으로 복귀한 것이다. 이주열 한국은행 총재는 여전히 실물경제에 비해 완화적인 수준이라며 최소 한 번 이상의 추가 인상을 예고했다.

금리 인상 뉴스가 발표되자 과거 은행에서 근무할 때가 생각났다. 특판 예금이라고 불리는 3개월짜리 정기예금 홍보 캠페인을 할 때였다. 신규 고객을 유치하기 위해 평소보다 좀 더 높은 금리로 예금 서비스를 제공했는데, 이 캠페인이 시작되자 생각보다 많은 부자가 자산을 옮기기 시작했다. 이처럼 소위 '자산가'라 불리는 이들은 다른 금융기관에 예치된 금리와 비교해 단 0.1%라도 조건이 좋으면 망설이지 않고 움직이곤 했다.

'겨우 0.1%인데 은행까지 바꿔가며 자산을 움직일까?' 하는 생각을 할 수도 있을 것이다. 하지만 이들이 갖고 있는 자산의 규모를 안다면 이야기는 달라진다. 100만 원의 0.1%는 1천 원이지만, 10억 원의 0.1%는 100만 원이다. 그렇기에 0.1%에 대한 민감도는 원금의 규모에 따라 달라지는 것이다. 고액 자산을 보유한 부자에게 금리는 자산 증가 속도와 연관이 있다. 금리가 인상하는 시기에는 대출을 활용한 투자자들도 0.1% 금리에 민감하게 반응하게 된다.

투자와 금리의 상관관계

예전에는 방향만 잘 잡으면 성공한다고 했다. 하지만 이제는 속도도 방향 못지않게 중요한 시대다. 금융상품이 지속적으로 개발되고, 종류도 다양해진 상황에서 예금만 고집한다면 시대의 흐름에 뒤떨어지게 된다. 앞서 종잣돈의 중요성을 강조한 이유는 일단 종잣돈이 모이면 목돈으로 운용할 수 있는 금융상품에 진입해 더 빠른 속도로 부를 증대할 수 있기 때문이다.

목돈을 운용하는 비결은 '금리 변동에 관심을 갖고 대비하는 것'이다. 만약 이 책을 읽고 있는 당신이 지금 우리나라와 미국의 기준금리를 정확히 알고 있고, 향후 추이를 어느 정도 감안하고 있다면 이미 부자이거나 부자로 살아갈 준비가 되어 있다고 생각하면 된다.

한국은행은 우리나라의 기준금리를 매월 둘째 주 목요일에 발표한다. 각 금융기관과 기업은 금리가 발표되는 시점을 전후로 시장의 변동성에 대한 대비를 한다. 예를 들어 경기가 좋지 않아 부양 정책을 펼친다는 뉴스가 많아지면 기준금리가 하락될 가능성이 높다는 분석이 나온다. 따라서 금융기관과 기업은 금리 하락에 대비해 포트폴리오를 준비한다. 그런데 예상 밖으로 금리가 오르면 어떻게 될까? 주식, 채권 등 자산군의 변동성이 커져서 시장이 출렁이게 될 것이다.

금리는 평균적으로 0.25%p 단위로 움직인다. 평균적으로 기준금리는 0.25%p 하락하거나 동결하는 흐름을 보이고 있다. 하지만 최근에는 금리에 대한 관점이 많이 바뀐 것 같다. 과거에는 금리 인상은 곧 주식 하락이라는 투자 공식이 유효했지만, 지금처럼 제로금리 시대에는 금리 인상을 경제가 나아지고 있다는 시그널로 받아들이는 추세다. 이렇게 금리의 변동은 투자 시장에서 매우 중요한 요소로 작용한다.

금리의 움직임은 우리나라 산업 전반에 영향을 미치게 된다. 금리를 신체에 비유하면 심장과 비슷한데, 심장에 질환이 생기면 건강에 적신호가 오는 것처럼 기준금리의 추이가 시장의 예상을 벗어나면 주식, 채권, 부동산, 환율 등의 움직임이 요동치게 된다.

금리가 하락하면 예금을 해도 기대되는 이자 수익이 줄어들기 때문에 시장 참여자들의 투자에 대한 니즈가 높아진다. 좀 더 나은 수익률에 대한 욕망이 자금을 주식 시장으로 이동시키고, 채권 시장 역시 금리의 영향으로 가격이 변동된다. 또한 장기적으로 금리가 하락할 것으로 예상되면 대출에 대한 니즈가 높아진다. 그래서 대출 이자보다 높은 수익이 날 수 있는 부동산 물건(오피스텔, 지식산업센터, 상가 등)이 부상하게 된다.

환율도 금리의 움직임에 따라 원화의 가치가 달러 대비 오르기도 하고 내려가기도 한다. 금리는 국가의 경제 상태를 반영하기 때문에 외국인 투자자들은 금리의 움직임에 민감하게 대응한다. 만약 자국의 금리가 1%, 신흥국의 금리가 5~6%라면 외국인 투자자는 신흥국으로 자금을 옮겨 수익을 발생시킨다. 이러한 이치로 발 빠른 자산가는 예금 시 국내 금리보다 높고,

환율에서도 추가 수익을 기대할 수 있는 외화예금통장을 함께 보유하는 경우가 많다.

이뿐만 아니라 브라질 국채와 같이 표면이율이 연 10%인 국채에 투자하면 헤알화, 원화, 달러의 환율에 따라 평균적으로 시중은행 금리보다 5~6배 높은 이자를 받을 수 있다. 물론 환율 변동에 따른 리스크가 있어서 예금과 절대적인 비교를 하기는 어렵지만, 이자소득세가 비과세되어 절세 효과까지 누릴 수 있다는 장점 때문에 많은 슈퍼리치의 사랑을 받고 있다.

금리 변동이
미치는 영향

금리의 움직임만 꾸준히 잘 관찰해도 자산을 관리하는 데 많은 도움이 된다. 기준금리를 모른다는 건 자산관리를 시작할 준비가 되어 있지 않다는 뜻이다. 현재 대부분의 보통예금은 제로금리에 가까워진 상태다. 간혹 1억 원 이상의 목돈을 금리가 거의 없는 일반 예금통장에 몇 년씩 묵혀두는 고객도 있는데, 고객에게 금리에 대해 설명하면 "이자가 이렇게 적은지 몰랐어요." 하는 답을 듣게 된다. 당연한 이야기지만 1억 원의 돈을 잘 운용해 꾸준히 5% 이상 수익을 내는 고객과 1% 미만의 금리에서 운용하는 고객의 자산 격차는 시간이 지날수록 커지게 된다.

지금부터라도 현재 내가 갖고 있는 통장의 금리부터 정확히 확인하고, 보유한 돈을 어떻게 운용할지 선택하면 된다. 쉽게 설명하면 2022년 1월 14일 기준으로 기준금리는 1.25%다. 기준금리는 인터넷으로 검색하면 바로 알 수 있다. 이 기준금리 이상의 수익을 낼 수 있는 방법을 연구해 자산을 관리하기만 하면 된다. 자산관리가 어렵고 귀찮다는 이유로 매번 예금만 한다면 시간이 지날수록 내 돈의 가치는 하락하게 될 것이다.

이렇게 금리만 관심 있게 지켜봐도 자산을 늘릴 수 있는 비결을 찾을 수 있다. 그러한 이유로 부자들은 금리가 0.1%만 높아도 자산을 움직인다. 작은 차이지만 시간의 힘이 보태지면 돈이 눈덩이처럼 불어나는 효과를 볼 수 있기 때문이다. 부자들은 '복리'의 힘을 이해하고 있기 때문에 금리에 민감하게 대응하는 것이다.

알버트 아인슈타인(Albert Einstein)은 "복리는 인간의 가장 위대한 발명이다."라고 이야기했다. 아인슈타인의 말대로 복리는 정말 경이로운 마법이다. 복리의 가치를 알고 있는 고객은 질문의 수준부터 다르다.

"이 상품은 단리상품인가요, 복리상품인가요?"

단리상품은 원금에 이자를 받는 상품이고, 복리상품은 단리상품에서 발생되는 이자가 재투자되어 말 그대로 이자에 이자가 붙는 상품이다. 이 차이점을 아는 똑똑한 투자자는 복리상품에 가입한다. 같은 기간 예금을 해도 더 많은 수익을 기대할 수 있기 때문이다.

사는 것이 팍팍하고 힘들어질수록 금리가 크게 뛰어오를 가능성은 적다. 1970~1980년대처럼 경기가 호황일 때는 금리가 높아서 예금만으로 자산을 늘리기 쉬웠다. 그래서 별도로 자산관리를 공부하지 않아도 투자하는 모든 분야에서 쉽게 수익을 낼 수 있었다. 그러나 우리가 살고 있는 시대는 다르다. 돈에 대해 관심을 갖고 배움을 통해 자산관리 노하우를 익히고 연구해야 부자로 살 수 있다. 따라서 이제부터라도 뉴스에서 발표되는 기준금리에 관심을 갖기 바란다.

자산이 2배가 되는 시점은 수익률이 결정한다

코로나19가 가져온 가장 큰 변화 중 하나는 "주식 투자, 꼭 해야 되나요?"라는 질문 대신 "어떻게 주식 투자에 성공할 수 있을까요?"라고 묻는 사람이 늘었다는 것이다. 이는 자신을 '투자자'로 인식하는 개인이 과거보다 늘어났다는 뜻이다.

은행에서 오랜 기간 근무하며 가장 힘들었던 일은 고객에게 펀드 투자의 필요성을 설명하는 부분이었다. 왜 투자를 해야 하는지 모르면 투자의 중요성과 효용성을 이해하기 쉽지 않다. 마치 "내가 왜 공부를 해야 되죠?" 하는 학생과 "공부를 잘할 수 있는 방법이 궁금합니다." 하는 학생에게 줄 수 있는 답이 다른 것처럼 말이다.

아인슈타인의
72법칙

2020년은 코로나19로 너무 힘든 시간이었지만 주식 투자자들에게는 달콤한 즐거움이 찾아온 시간이었다. 실물경기는 나아질 기미가 보이지 않음에도 주가는 오히려 단기간에 20~30% 이상 상승했고, 그 결과 은행에서 증권사로 자금이 이동해 주식 계좌가 폭발적으로 증가했다. 사실 코로나19가 촉매제의 역할을 했을 뿐 장기적으로 투자자의 수는 늘어날 수밖에 없었다. 예금 금리로는 더 이상 돈을 불리기 어려운 시기가 도래했기 때문이다.

예를 들어 내가 보유한 자산이 1천만 원이고, 가입한 예금의 수익률이 세금을 제하고 1.5%라고 가정해보자. 원금 1천만 원이 2배인 2천만 원이 되는 시점은 언제일까? 복리의 마술을 연구한 아인슈타인의 '72법칙'을 적용하면 간단하게 자산이 2배가 되는 시점을 계산해볼 수 있다. 공식은 간단하다.

72/연 수익률＝자산이 2배가 되는 시점(년)

이 공식을 적용하면 1.5% 정기예금의 경우 자산이 2배가 되는 데 소요되는 기간은 48년임을 알 수 있다. 만일 투자를 통해 매년 3% 수익률로 자산을 운용하고 있다면 '72/3=24', 즉 24년 뒤에 자산이 2배가 되는 것이다.

소득활동을 시작하면 누구나 제일 먼저 하는 일은 월급통장을 개설하는 것이다. 그런데 통장을 만들고 돈을 넣어두면서 실제 내 통장의 이자율이 얼마인지, 실제 이자를 얼마나 받고 있는지 정확하게 알고 있는 사람은 드물다. 그래서 필자는 자산관리를 하기에 앞서 늘 72법칙을 예로 들며 투자의 필요성에 대해 설명한다.

"아니, 자산이 2배가 되는 데 그렇게 오래 걸린다고요?"

이 법칙을 듣고 나면 당황해하는 고객이 많다. 왜냐하면 돈이 불어나고 있는 것은 분명한데 예상한 시간과 차이가 너무 크기 때문이다. 따라서 자산을 불리고 싶다면 내 자산의 수익률을 어떻게 관리할지 계획부터 세워야 한다. 그리고 일단 목표를 세웠다면 일희일비하지 말고 우직하고 꾸준하게 투자해야 한다.

돈을 지배하는 31가지 부의 도구

기준금리를 기준으로
목표수익률을 정하자

자, 그럼 목표수익률은 어떤 기준으로 정해야 할까? 한국은행의 기준금리를 통해 목표수익률을 가늠하는 것이 가장 현실적이다. 2022년 1월 기준으로 대한민국의 기준금리는 1.25%인데, 이 금리의 4배가 5%다. 따라서 연 6~8%가 결코 적은 수익률이 아니다. 체감상 연 5%조차 부족하게 느끼는 투자자가 많은데 결코 그렇지 않다.

추가로 목표수익률을 관리하는 방법도 알아두면 도움이 된다. 예를 들어 목표수익률이 10%라면, 연 5~30% 정도의 수익률을 기대할 수 있는 상품으로 전체 자산의 포트폴리오를 다양하게 구성하는 것이 좋다. 목표수익률이 10%라고 해서 모든 자산을 연 10% 수익률을 기대할 수 있는 상품으로 구성하면 시장의 변동성을 견디기 어려울 수 있다. 예상치 못한 이벤트로 시장이 하락할 경우 손실의 폭이 커질 수 있기 때문에 목표수익률보다 리스크가 낮은 상품과 높은 상품의 비율을 적절히 분배해야 한다.

부동산 관리는 부의 지름길

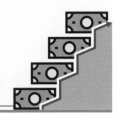

　　김주영 교수의 논문 '은퇴가구의 자산 보유와 영향요인 분석'에 따르면, 국내 은퇴자의 평균 자산은 2억 원 정도이며 대부분 부동산인 것으로 나타났다. 2018년 기준으로 은퇴 상태인 3,100여 가구의 자산 비중을 조사한 결과, 은퇴가구의 평균 자산 2억 17만 원 중 부동산 자산은 1억 7,209원으로 집계되었다. 금융자산(2,229만 원), 사업자산(200만 원), 보험자산(72만 원) 등이 뒤를 이었고, 기타 자산(307만 원)도 일부 포함되었다.

　　부자들의 자산 비중 역시 마찬가지다. KB경영연구소가 발

간한 〈2020 한국 부자 보고서〉에 따르면, 금융자산 10억 원 이상을 보유한 우리나라 부자의 자산 중 56.6%는 부동산인 것으로 나타났다. 이는 지난해에 비해 2.9%p 오른 값으로 2013년 56.9% 이후 가장 높은 수치다. 이처럼 부자들이 부동산 투자를 중요하게 생각하는 이유는 실물자산 투자야말로 인플레이션에 대처할 수 있는 가장 현명한 방법이기 때문이다.

50대 여성 G고객은 부동산 투자로 자산을 늘렸다. 20대 때부터 부동산 투자에 관심을 갖고 안목을 키웠고, 좋은 기회를 놓치지 않기 위해 자산 중 일정 금액은 언제든지 현금화할 수 있는 단기 상품으로 운용했다. 그 결과 부동산으로 큰 부자가 되었고, 현재도 적극적으로 부동산에 투자하고 있다. G고객은 필자에게 이렇게 조언하기도 했다.

"상가를 구매할 건데 상대적으로 저평가되어 있어 지금 투자하면 성과가 좋을 것 같아요. 부동산의 상승폭이 일시적으로 꺾였다고는 하지만, 여전히 믿고 안정적으로 큰 수익을 기대할 수 있는 곳은 부동산뿐이에요."

은행에서 대출 업무를 하다 보면 우리나라의 부동산 정책이 얼마나 자주 바뀌는지 체감할 수 있다. 규제를 강화할 때는 대출도 소극적이지만, 경기를 활성화해야 한다는 목소리가 강해지면 금융기관도 대출을 적극적으로 해준다. 그래서 정부 정책의 흐름만 잘 이해해도 효과적으로 레버리지를 활용해 자산을 늘릴 수 있다.

과거 초저금리가 이어지면 집값 상승에 대한 기대감이 한풀 꺾일 것이라는 기사가 쏟아졌지만, 알다시피 실제 부동산 시장의 심리는 반대로 움직였다. 조세 정책의 강화로 다주택자들 역시 '똘똘한 한 채'에 대한 수요 심리가 강화되어 부동산 시장의 양극화는 더욱 심화되었다. 또 인구가 점차 감소함에 따라 부동산 수요가 적어질 것이라는 예측도 있었지만, 1인 가구의 증가로 실제 수요자는 여전히 공급 부족을 경험하는 실정이다. 이러한 시장의 니즈에 따라 자산가들은 임대 수입을 기대할 수 있는 수익형 부동산을 통해 수익을 늘리고 있고, 리츠펀드를 통해 간접 수익을 추구하고 있다.

경제의 불확실성이 커지면서 변동성도 커졌다. 양적완화로 시중에 자금이 많이 풀리면서 돈이 오갈 곳을 잃자 오피스텔, 상가와 같은 수익형 부동산이 떠오르기 시작했다. 30억 원 이상을 움직일 수 있는 자산가는 꼬마빌딩과 같은 건물에 투자하게 되었다. 이처럼 여전히 부동산은 부를 관리하는 지름길로 통하고 있다.

60대 초반의 남성 H고객은 택시회사를 운영한다. 사업가인 그는 회사를 운영해서 번 돈보다 부동산으로 더 큰돈을 벌었다. 기존에 운영하던 택시회사의 부지가 토지보상 대상이 되면서 수십억 원의 토지보상을 받게 된 것이다. 물론 이러한 목적을 두고 회사를 운영한 것은 아니지만, 자신의 토지와 건물이 있었기에 부를 늘릴 수 있는 기회를 잡을 수 있었다.

부동산 부자가
많은 이유

최근 전셋값이 무섭게 치솟으면서 주변을 돌아보면 전셋값 걱정으로 한숨을 쉬는 가정이 참 많다. 사실 집주인의 입장에서도 어차피 나중에 돌려줘야 하는 전셋값이 그리 달갑지만은 않다. 왜냐하면 금리가 너무 낮아 운용하는 데 한계가 있기 때문이다. 그래서 최근 전세보다 월세 주기를 더 선호하는 집주인이 늘고 있다. 상황이 이렇다 보니 전세 공급량은 계속 줄어들고, 반전세 형식의 월세가 늘어나는 추세다.

학군과 교통, 부대시설이 좋은 강남 지역의 경우 이미 반전세가 임대 시장의 대부분을 차지하고 있다. 매물 잠김과 전세대

란으로 주거 불안이 현실이 되면서 최근에는 이러한 문의도 늘고 있다.

"오 대표님, 지금이라도 대출을 받아서 집을 사야 하는 건 아닌지 모르겠어요. 어떻게 생각하시나요?"
"월세가 너무 아까워서 돈은 언제 모으나 걱정입니다. 무슨 방법 없을까요?"

필자는 부동산 투자를 통해 부를 이룬 부자가 많다는 사실을 알기에 이렇게 답을 해준다.

"수입이 계속 창출될 수 있는 시스템을 갖추고 있다면 대출을 받아 집을 사는 것이 좋습니다."

대출을 받아서 집을 사는 것은 문제가 되지 않는다. 중요한 것은 대출 이자를 감내할 수 있는 환경을 유지할 수 있는지 여부다. 부자들 역시 처음부터 부동산에 투자해 성공한 것은 아니었다. 자신의 업계에서 전문성을 높여 몸값을 키우고, 수입을 늘린 후에 수익형 부동산 투자로 돈이 돈을 벌 수 있는 시스템을 갖춘 것이다. 아무리 부동산이 불안하다고 해도 큰돈을 벌어주

돈을 지배하는 31가지 부의 도구

는 매개체는 부동산이다. 부자들의 자산 비중을 따져보면 현금 자산보다 부동산의 비중이 높은 이유다.

부동산 투자를 할 때 공인중개사의 이야기만 듣고 계약하는 것은 하수다. 어떠한 투자를 하든 직접 발품을 팔고 눈으로 보고 공부를 해야 한다. 그래야 나에게 맞는 부동산을 알아볼 수 있다. 부동산 투자로 자산을 늘리고 싶은가? 그렇다면 발품을 팔고, 좋은 물건에 대한 안목을 키우자. 부동산이 당신을 부의 지름길로 안내할 것이다.

금테크와 환테크를 통해
자산을 관리하라

금리가 낮아지면서 돈의 가치가 하락한 요즘, 대안투자가 각광을 받고 있다.

금테크와
환테크

대안투자란 주식, 채권과 같은 고전적인 투자 대상이 아닌

돈을 지배하는 31가지 부의 도구

제3의 자산에 대한 투자를 말한다. 최근 대안투자는 부자들 사이에서 기존의 투자 대상을 보완해 위험은 낮추고, 수익은 높일 수 있는 방법으로 주목받고 있다. 개인이 접근할 수 있는 가장 쉬운 대안투자 방법으로는 금테크와 환테크가 있다.

외환 시장의 환율이 요동치고, 국내외 테러나 위기가 감지될 때마다 시중은행은 앞다퉈 '금테크' 마케팅을 펼치곤 한다. 금은 예전부터 안전자산으로 선호되어 왔다. 특별히 불안한 요소가 시장에 반영되면 금에 대한 수요가 더욱 커지기 때문이다. 저금리가 지속되는 것도 금의 수요를 부축이고 있다. 또 최근에는 「차명거래 금지법」이 큰 영향을 미친 것으로 보인다. 실제로 국회에 법이 통과되자 금을 찾는 슈퍼리치가 늘면서 금테크 붐이 불기도 했다.

고객과 상담을 하다 보면 '금'을 특정 계층만 투자할 수 있는 상품이라고 생각하는 경우가 많았다. 그러나 금 투자는 일상생활에서도 쉽게 찾아볼 수 있다. 대표적으로 돌잔치가 있다. 돌잔치를 하면 보통 반 돈이나 한 돈짜리 금반지를 선물한다. 최근에는 가격이 부담스러운 골드바 대신 '골드뱅킹'을 이용하는 젊은 투자자도 늘었다. 소액으로 투자할 수 있고, 주식처럼 실시간으로 매매가 가능하다는 장점이 있다.

불안 요인이 많아질수록 돈은 안전자산에 쏠리게 된다. 국제

유가가 하락하거나 통화에 대한 불안 심리가 높아지더라도 금에 투자한 사람은 전체 자산의 리스크를 줄일 수 있다. 또 금은 시세 차익에 대한 세금이 없어 나이 많은 자산가에게 선호되는 안전자산이다.

환테크 역시 각광을 받고 있다. 고액 자산가 중에는 무역업을 하거나 자녀를 외국에서 공부시키는 경우가 많다. 이들은 그래서 송금 전후로 환율의 움직임을 꾸준히 관찰한다. 환율은 해당 국가의 경제 상태를 알 수 있는 지표이기 때문에 우리의 삶과 매우 밀접하다. 예를 들어 해외여행을 계획했다면 환전을 위해 여행지의 환율을 알아봐야 한다. 또 해외 직구를 자주 한다면 환율의 움직임에 민감할 수밖에 없다.

40대 중반의 I고객은 자녀를 해외 학교에 보내고 있다. 학비도, 용돈도 달러로 송금한다. 그래서 I고객을 위해 수시로 환율을 확인하고, 환전하기 좋은 타이밍을 안내했다. 환율의 변동 폭이 클 때는 하루 사이에도 환전할 수 있는 금액의 차이가 크게 벌어지기 때문이다. 또 해외에서 근무하는 배우자로부터 달러로 돈을 송금받는 경우도 많다. 이때 바로 환전을 하는 고객도 있지만 달러를 차곡차곡 모아 목돈을 만드는 고객도 있다.

외화예금으로 목돈의 달러를 관리하고 있다면 역외펀드 투자를 고려해보는 것이 좋다. 역외펀드란 원화로 투자되는 역내

펀드와 달리 활용 가능한 통화가 다양한 펀드 상품이다. 달러, 유로화, 엔화 등 다양한 통화로 투자할 수 있다. 물론 원금이 보장되지는 않지만 상대적으로 적은 리스크를 감수하고 연 5% 내외의 수익을 기대할 수 있는 중위험·중수익의 역외펀드도 많다. 또 매달 월 지급식으로 배당을 받을 수 있는 역외펀드도 있어서 안정적으로 목돈을 운영할 수 있다.

역외펀드에 가입하면 환매 시점에 달러로 투자한 상품은 달러로 환매자금이 나온다. 예를 들어 1만 달러를 투자해 1만 5천 달러가 되었다면 5천 달러의 수익이 발생하는 것이다. 이때 이자 소득에서 세금은 공제가 된다. 수익도 수익이지만 역외펀드의 장점은 '환차익'에 있다. 1만 달러를 투자할 때 환율이 1달러에 1천 원이었다고 가정해보자. 환매 시점에 환율이 1달러에 1,200원이 된다면 그만큼 환차익이 발생하게 된다.

물론 반대의 경우, 즉 환차손도 고려해야 한다. 환매 시점에 환율이 1달러에 800원이 될 수도 있기 때문이다. 하지만 역외펀드는 환매 자금이 나올 때 바로 환전되는 상품이 아니기에 자신이 원하는 시점에 환전할 수 있다는 장점이 있다. 그래서 펀드에서 손실이 나더라도 환차익으로 손실을 회복하는 경우도 많다.

무엇보다 환테크의 장점은 효율적으로 포트폴리오의 리스크를 줄일 수 있다는 데 있다. 예를 들어 우리나라 경기가 좋지 않아 향후 원화의 가치가 하락할 것으로 예상되면, 보유하고 있던 금융자산의 일부를 달러나 유로화 등 다른 통화로 환전해 리스크를 줄일 수 있다.

대안투자는
선택이 아닌 필수

부자들이 금테크, 환테크 등 대안투자를 활용해 포트폴리오를 관리하는 이유는 무엇일까? 부동산, 금, 은, 곡물, 원자재, 파생상품, 사회간접자본 등 다양한 투자처를 통해 위험을 낮추고 수익을 높이기 위해서다.

대안투자 상품은 경제와 유기적으로 연계되어 있는 경우가 많다. 예를 들어 유가의 움직임으로 환율을 예측할 수 있고, 금 가격의 동향까지 파악할 수 있다. 그러므로 대안투자는 투자자에게 선택이 아닌 필수다. 다양한 투자자산을 활용한 글로벌 자산배분으로 안정적이고, 꾸준한 수익을 기대할 수 있다.

우리는 매일 전 세계 정치, 경제, 사회 문제에 관한 다양한 뉴스를 접한다. 이때 대안투자에 보다 많은 관심을 기울이면 투자에 대한 안목을 키울 수 있다. 평균적으로 금리가 하락하면 금값은 치솟게 되는데, 예금만 운용한 고객은 낮아진 이율로 손실을 보게 되지만 금에 투자했다면 이러한 위험을 헤지(Hedge)할 수 있다.

저성장·저금리는 필연적으로 피할 수 없는 이슈다. 그러므로 자산을 지키기 위해 대안투자와 관련된 정보와 지식은 필수적으로 갖춰야 한다. 부자들은 더 많은 것을 벌기 위해서가 아니라 잃지 않기 위해 투자한다는 것을 잊지 말자. 성공적으로 자산관리를 하고 싶은가? 그렇다면 지금부터라도 대안투자를 시작하기 바란다. 금테크와 환테크가 그 첫걸음이 될 것이다.

부자들은 1% 수익보다
1% 절세에 집중한다

살면서 피할 수 없는 두 가지가 있다. 바로 세금과 죽음이다. 납세의 의무는 우리나라 국민이라면 피할 수 없는 4대 의무 중 하나이기에, 소득이 있다면 반드시 세금은 꼭 내야 한다.

자산관리 일을 하다 보면 두 부류의 부자를 만나게 된다. 바로 세금을 절약하는 방법을 아는 고객과 세금 폭탄으로 큰돈을 잃는 고객이다. 그래서 절세와 관련된 세미나를 하면 이 질문을 꼭 던진다.

"5월이라고 하면 어떤 생각이 떠오르시나요?"

이때 '꽃피는 봄날'이라고 답한다면 아마도 큰 부자는 아닐 것이다. 고액 자산가는 대부분 '종합소득세 납부하는 달'이라고 대답하기 때문이다. 그만큼 부자에게 '세금'은 자산을 늘리고 지키는 데 굉장히 중요한 요소다.

그러나 대부분의 사람들은 수익을 늘리는 데 집중할 뿐, 세금을 절약해서 수익이 날 수 있다는 생각까지는 하지 못한다. 참고로 탈세와 절세를 혼동해서는 안 된다. 여기서 말하는 '세금 절약'은 합법적인 방법으로 세금을 줄이는 절세를 뜻한다.

우리는 이미 많은 세금을 내고 있다. 예를 들어 직장인은 월급을 받으면서 동시에 소득세라는 세금을 내고 있다. 월급이 통장에 들어오기 전에 소득세가 차감되기 때문이다. 여기까지는 대부분 잘 알고 있다. 그런데 내가 낸 세금을 연말정산 시 환급받을 수 있는 요건을 사전에 잘 갖추고 있는 사람은 드물다. 세금에 대해 조금만 관심을 갖게 되면 누구나 연말정산을 통해 세금을 합법적으로 줄일 수 있다.

최근 국민의 세부담은 소득의 증가율을 앞지르고 있다. 이는 소득에 대해 '누진과세'로 세금을 매기기 때문이다. 소득이 늘어날수록 세부담이 커지는 현상은 복지를 확대하는 선진국에 공통적으로 나타나는 현상이다. 선진국으로 도약한 우리나라 역시 점차 복지 정책을 확대하고 있는 추세다. 복지혜택에 따른 재원을 충당해야 하다 보니 부동산의 보유세, 재산세 등 보유하고 있는 자산으로 내야 할 세금도 점점 늘어나고 있다. 이 때문에 현재 소득활동을 하지 않는 은퇴자의 경우 가파르게 상승하는 부동산 세금에 대한 고민이 많아졌다.

특히 세금의 규모가 일반인보다 큰 부자들은 합법적인 방법으로 세금을 줄이기 위해 많은 노력을 기울인다. 보유한 금융자산이 10억 원 이상인 고객들과 상담을 하다 보면 하나같이 '절세'를 강조한다. 세금 정책의 강화로 비과세 상품은 줄어들고, 과세 상품으로의 전환이 늘어나고 있기 때문이다.

절세 방법 중 하나는 바로 보험을 활용하는 것이다. 최근 각광받는 보험 상품으로는 대표적으로 저축성보험, 연금보험, 변액보험이 있다. 보험의 장점은 10년 이상 장기적으로 유지하면 비과세 혜택을 받을 수 있다는 점이다. 과거에는 3년, 7년만 유지해도 비과세 혜택을 받았지만 이제는 10년을 유지해야 한다. 전문가들은 향후 보험의 비과세 적용 기간이 더욱 길어질 것으로 예상하고 있다. 그렇기에 시간을 황금처럼 생각하는 부자들은 이러한 변화에 발 빠르게 대비해 미리 보험을 준비한다.

돈을 그냥 정기예금에 넣어두면 만기 시 발생된 이자에 대해 15.4%의 세금이 제외되는 반면, 보험은 가입하고 10년이 지나면 비과세 혜택을 받을 수 있다. 복리로 늘어나는 이자는 덤이다. 간혹 보험 상품에 관한 이야기를 하면 선입견을 갖고 있는 경우가 많은데, 이제 비과세 상품은 보험이 거의 유일한 상황이니 생각의 전환이 필요하다.

세법에 따르면 개인의 경우 연간 금융소득 2천만 원을 초과할 시 다른 종합소득과 합산해 이듬해 5월에 세금을 신고하도록 되어 있다. 과거 금융소득종합과세 기준은 연간 4천만 원이었지만 최근 2천만 원으로 하향 조정되었는데, 그 이유 역시 정부의 복지 정책과 관련이 있다. 기준이 크게 하향되다 보니 과거 금융소득종합과세가 자신과 무관한 일이라고 생각했던 투자자들도 미리 대비를 해야 하는 상황이 되었다.

금융소득종합과세 해당자가 되면 추가로 세금을 더 내는 데 그치지 않고, 건강보험료 부담이 증가하고 세무조사, 자금 출처 조사와 같은 부수적인 불이익이 따를 수 있다. 그래서 고소득 전문직에 종사하는 고액 자산가의 경우 사전에 절세 방안을 마련한다.

증여나 상속에 있어서도 보험 상품을 활용하면 세금을 줄일 수 있어서 안정적인 부의 이전에 큰 도움이 된다. 손주를 사랑하는 조부모가 재산을 미리 손주에게 증여한다고 가정해보자. 무턱대고 돈을 증여하면 최고 50%의 증여세율과 세대 생략으로 할증 과세 30%가 추가될 수 있다. 따라서 손주에게 자산을 증여를 할 때는 공제 한도를 최대한 활용해야 한다. 그리고 이와 관련된 보험 상품을 활용하면 세대 생략 증여를 피할 수 있어 세금을 30% 줄일 수 있다.

고액 자산가뿐만 아니라 일반인에게도 보험은 연말정산과 종잣돈 마련에 큰 도움이 된다. 소득공제에서 세액공제로 전환되면서 혜택이 많이 줄기는 했지만 여전히 세금 환급은 부를 늘리는 데 중요한 요소다. 필자의 경우 20대 중반부터 연금저축보험에 가입해 운용한 지 벌써 20년이 다 되어간다. 지금은 금리가 낮아 연금펀드로 옮겨서 관리하고 있는데, 연금저축보험을 통해 매년 연말정산 시 많은 세금을 환급받고 있다. 또 퇴직연금 IRP에 가입하면 추가로 연간 최대 700만 원의 세액공제를 받을 수 있다.

정기예금을 꾸준히 가입하는 고객을 보면 공통점이 있다. 정기예금 상품에 1억 원을 가입하고, 이후 만기 시점에 해지할 때 원금 1억 원과 이자를 함께 더해 재예치하는 경우가 거의 없다는 것이다. 재예치를 하더라도 이자는 찾아가고 1억 원의 원금만 다시 넣는다. 이렇게 10년을 굴린 고객은 종잣돈의 크기가 1억 원에서 크게 변하지 않는다.

돈을 지배하는 31가지 부의 도구

행동경제학에 따르면 심리적으로 예상하지 못한 소득이 발생하면 사람들은 저축보다 소비를 선택하는 경우가 많다. 실제로 매달 정기적으로 받는 월급 외에 회사에서 추가로 상여금을 주면 과반 이상은 저축하지 않고 사고 싶었던 물건을 사거나 여행에 써버리곤 한다. 이처럼 이자 수익도 만기가 될 즈음이면 돈을 불리겠다는 본래의 목적은 사라지고 이자를 받아서 무엇에 사용할지 계획하게 되는 것이다. 그래서 단기 금융상품 위주로 자산관리를 계속하면 세금은 세금대로 매번 다 내면서 목돈의 크기는 제자리걸음인 것이다.

따라서 보험과 같이 강제성을 띄는 장기 금융상품이 자산을 늘리는 데 큰 도움이 된다. 지금도 늦지 않았다. 세금과 절세에 관심을 갖고 단 1%라도 수익을 높일 수 있는 해법을 찾아보자. 부자들은 1% 수익보다 1% 절세에 집중한다는 것을 명심하기 바란다.

3장

부의 도약:

회사는 당신을
책임지지 않는다

100세 시대, 은퇴를 은퇴하라

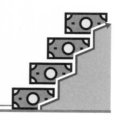

최근 여러 기업으로부터 퇴직을 1~2년 앞둔 예비 은퇴자를 대상으로 한 강연 요청이 많이 들어오고 있다. 30대 중반에 명예퇴직을 경험한 필자에게 '은퇴'란 단순히 사회활동에서 손을 떼고 한가히 지내는 것과는 거리가 멀었다. 당연히 퇴직은 했지만 은퇴는 아직 이르다고 생각했다. 이는 40대 후반 혹은 50대 초반도 마찬가지일 것이다.

직장인에게 50대는 인생의 전환점이다. 직장을 떠나든 남든 숱한 격변을 겪게 된다. 잡코리아가 남녀 직장인 635명을 대상으로 '체감 퇴직연령'에 대해 조사한 결과, 남녀 직장인이 예상하는 퇴직연령은 평균 51.7세인 것으로 조사되었다. 특히 대기업, IT 직종, 여성에 해당하고 있는 직장인의 체감 퇴직연령이 상대적으로 낮았다. 법정정년은 60세지만 실질적으로 정년을 다 채우고 퇴직하는 경우는 드물다. '50대=은퇴'라는 등식이 사람들의 머릿속에 각인된 이유다.

예비 은퇴자는 대부분 '은퇴하면 어떻게 시간을 보내야 할까?' 하는 고민에 빠진다. 그런데 이 질문을 하기에 앞서 더 중요한 질문이 있다. 바로 '나는 언제 은퇴할 것인가?' 하는 질문이다.

당신은 언제
은퇴할 것인가?

과거와 달리 기대수명이 길어지면서 100세 시대라는 말이 사회적으로 통용되고 있다. 이 때문에 UN도 사람의 연령에 따른 세대의 개념을 미성년자는 0세부터 17세, 청년은 18세부터 65세, 중년은 66세부터 79세, 노년은 80세부터 99세, 장수노인은 100세 이후로 재조정했다. 따라서 이제 65세까지는 청년이라고 볼 수 있는데, 우리나라는 만 65세가 되면 자의반타의반

노인이 되어 사회활동에서 멀어지는 모습을 보인다.

영화 〈미나리〉에서 오스카 여우조연상을 수상한 윤여정 배우를 보면서 멋지게 늙어간다는 의미가 무엇인지를 다시 생각하게 되었다. 70대 윤여정 배우의 필모그래피를 보면 나이에 맞는 전형적인 역할이 아닌, 세상이 여성 배우에게 흔히 요구했던 전형성을 거부하며 새로운 역할에 끊임없이 도전했음을 알 수 있다. 한국인 배우 최초로 아카데미상을 거머쥔 그녀의 수상소감은 웃음과 공감을 자아냈다.

"저를 밖에 나가 일하게 만든 두 아들에게 감사하고 싶습니다. 사랑하는 아들들아, 이게 그 결과란다. 엄마가 일을 열심히 했거든."

또 다른 인터뷰에서 그녀는 먹고 살기 위해, 가족을 위해 사명감을 갖고 일했다고 말한다.

"나는 살기 위해서, 살아가기 위해서 목숨 걸고 한 거였어요. 요즘도 그런 생각엔 변함이 없어요. 배우는 목숨 걸고 안 하면 안 돼. 훌륭한 남편 두고 천천히 놀면서, 그래 이 역할은 내가 해주지, 그러면 안 된다고."

그 어떤 이야기보다 우리네 삶을 잘 드러낸 이야기가 아닌가 싶다. 주목받는 연예인의 삶이 아니더라도 대부분의 사람이 이런 마음으로 일을 하지 않을까? 살기 위해 일했다는 이 고백은 매우 가치 있게 평가되어야 된다고 생각한다. 사회적인 공헌을 위해, 타인을 위해 헌신하는 이들도 칭찬받고 존경받아야 하지만 내 가족을 지키고, 내 삶을 지키기 위해 하루하루 최선을 다하는 이들의 삶 역시 존중받아야 한다.

청춘을 바쳐 열심히 일한 이들이 은퇴 이후에도 행복한 삶을 누리기 위해서는 어떤 준비를 해야 할까? 은퇴 준비의 첫 단계는 100세 시대를 살고 있는 만큼 은퇴를 은퇴하겠다는 마음으로 관점을 바꾸는 것이다. 필자는 30대 중반에 명예퇴직을 경험하면서 인생 2막을 위한 새로운 도전을 시작했다. 직장을 다니는 동안 막연하게 '내가 회사를 그만두면 어떨까?'라는 생각은 누구나 한다. 그러나 그것을 실제로 실천하는 사람은 거의 없다. 왜냐하면 나의 선택으로 가족의 미래까지 바뀔 수 있기 때문이다. 그래서 적성에 맞지 않아도, 인간관계로 힘들어도 대부분 묵묵히 견디며 일터로 향한다. 하지만 남들보다 이르게 퇴직을 경험하고 새로운 도전을 시작하니, 그동안 너무 작은 세상에서 놀았다는 것을 알게 되었다.

"세상은 넓고 할 일은 많다."

대우그룹 김우중 전 회장의 말이다. 울타리에서 나와 세상을 바라보니 생각보다 할 수 있는 일이 참 많았다. 물론 그 기회를 얻기까지 많은 노력과 용기가 필요했다. 필자는 퇴직 이후 각계각층의 다양한 사람과 만나 그들의 삶을 관찰하고 공부했다. 직장에 다닐 때는 아침부터 저녁까지 비슷한 라이프스타일을 가진 사람들만 만나다 보니 그 삶이 전부인 줄 알았다. 그런데 아침에 같은 시간에 출근하지 않더라도, 일정한 장소로 출근하지 않더라도 일을 할 수 있는 다양한 형태의 업이 있었다. 각자의 자리에서 꿈을 이루고 있는 사람들을 보면서 필자도 미래를 다시 설계했다.

요즈음 30~40대 이른 나이에 은퇴설계를 하고자 컨설팅을 받는 이들이 늘고 있다. 점점 더 치열해지는 경쟁 속에서 승진의 기회는 줄어들고, 산업의 지형도 빠르게 바뀌다 보니 미리 인생 2막을 준비해야겠다는 생각을 하게 된 것이다. 이들이 제일 궁금한 것은 단연 '돈 관리'다. 그때마다 필자는 이렇게 질문한다.

"언제 은퇴를 하고 싶은가요?"

그럼 대부분 정년까지 일하면 좋겠지만 경기가 좋지 않아 40대 중후반 혹은 50대 초반 정도면 퇴직을 해야 할 것 같다는 현실적인 이야기를 한다. 필자는 이들에게 한결같이 다음과 같이 말한다.

"은퇴를 은퇴하세요. 대신 어떤 업을 이어갈지 미리 준비하면 좋겠습니다. 인생 2막부터는 정말 내가 원하는 일을 해야 하니까요."

은퇴를
은퇴하라

명예퇴직 이후 인생 2막을 열고 벌써 약 10여 년의 시간이 지났다. 아무도 가지 않은 길을 가기 위해 남들보다 더 공부하고 잠을 줄여가며 치열하게 살아온 결과, 현재는 미래에 대한 막연한 두려움이 완전히 사라졌다.

그렇다. 은퇴를 은퇴한 덕분에 평생 현역으로 살 수 있는 삶의 내비게이션을 찾을 수 있었다. 미래의 나에게 설레는 내일을 선물하고 싶은가? 지금이라도 늦지 않았다. 남들이 정해준 시간이 아닌 내가 원하는 시간에 은퇴할 수 있도록 미리 준비하자. 함께 인생의 로드맵을 체계적이고 구체적으로 세워 은퇴를 은퇴해보자.

은퇴 후 40년, 연금만 믿을 수는 없다

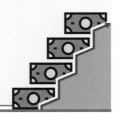

보험개발원의 〈2020 KIDI 은퇴시장 리포트〉에 따르면 자녀를 둔 40~50대가 은퇴를 하면 자녀 1인당 1억 7천만 원의 비용이 필요한 것으로 조사되었다. 2019년 전국 30~50대 700명을 대상으로 시행한 설문조사 결과에 따르면 3명 중 2명꼴 (62.6%)로 은퇴 후 자녀 부양에 부담을 느낀다고 응답했다. 이는 2017년 시행한 같은 조사에 비해 6%p 높은 수치다. 그도 그럴 것이 1인당 자녀 교육비로 소요되는 비용은 평균 6,989만 원, 결혼 비용은 1억 194만 원이 필요한 것으로 보고 있기 때문이다. 국민연금공단의 조사에 따르면 은퇴하는 시점에서 자녀가 미취업 상태인 경우는 22%, 미혼인 경우는 35%에 달했다.

그러나 40~50대가 예상하는 퇴직금은 평균 9,466만 원에 불과했다. 이들 중 40.1%는 예상 퇴직금이 5천만 원 이하라고 답했다. 또 40~50대는 자산의 상당 부분을 부동산으로 갖고 있어서 은퇴 후 현금을 마련하는 데 어려움을 겪을 수 있다고 보험개발원은 분석했다.

결국 은퇴 후 자녀 교육과 결혼에 1인당 2억 원에 가까운 목돈이 드는 데 반해, 실제 퇴직 시 받는 평균적인 퇴직금은 필요한 금액의 절반 정도에 불과한 것이다. 그렇다면 우리는 은퇴자금 부족 문제를 어떻게 풀어야 할까? 보험개발원의 조사에 따르면 노후 준비 방법으로 공적연금을 꼽은 비율은 남성(72.9%)과 여성(59.2%)이 모두 절반을 넘었다. 그러나 2019년 국민연금(노령연금) 수급자의 소득대체율은 21.3% 수준에 불과했다. 이는 연금 수급자의 생애 평균 소득이 100만 원이라면 국민연금으로 받는 돈은 21만 3천 원에 그친다는 뜻이다.

은퇴자금의 기초가 되는 국민연금의 최고 금액 수령자는 2019년 기준으로 월 210만 8천 원을 받는다. 하지만 최고 금액을 수령하더라도 은퇴자금이 국민연금만 있다면 상황은 달라진다. 통계청이 발표한 2020년 가계금융복지조사에 따르면 부부

기준으로 은퇴 후 필요한 최소 생활비는 월 205만 원 정도라고
한다. 하지만 실제 은퇴설계를 요청한 고객과 상담을 하다 보면
미래의 물가상승률과 본인의 라이프스타일을 고려할 경우 월
300만 원조차 부족하다고 응답하는 경우가 많았다.

여러 조사를 통해 알 수 있는 것은 갈수록 쓸 돈은 늘어나는
데 준비된 자금은 부족하다는 점이다.

공적연금만으로는
부족한 은퇴 소득

필자는 은퇴를 앞둔 다양한 계층의 사람들을 대상으로 여러
차례 은퇴설계 특강을 진행했고, 그 결과 '은퇴 소득'의 부재가
가장 큰 문제라는 것을 깨달았다. 특히 1955년부터 1963년 사
이에 태어난 베이비부머 세대는 은퇴가 코앞에 닥친 현실임에
도 노후를 제대로 준비하지 못했다고 말하는 경우가 많았다. 그
들은 그 이유로 아직 독립하지 못한 자녀의 생활비, 교육비 등의
지출과 은퇴 소득의 부재를 꼽았다.

그렇다면 매월 어느 정도의 은퇴 소득이 필요할까? 은퇴 소
득은 엄밀히 말하면 '생계 걱정 없이 원하지 않는 일은 하지 않

고, 하고 싶은 일은 할 수 있는 정도의 비용'으로 눈높이를 맞추면 좋다. 남들처럼 200만~300만 원으로 은퇴 소득을 제한할 필요는 없다. 1인 가구라면 혼자서, 기혼 가정이라면 부부가 함께 자금을 설계하고 원하는 노후 생활을 그려봐야 한다.

은퇴를 했다고 갑자기 모든 소비를 줄일 수는 없기에, 은퇴 후 수십 년간 어떤 추가 소득이 발생할 수 있는지 점검할 필요가 있다. 특히 연금설계는 안정적인 노후를 위해 반드시 필요한데, 이를 위해 젊을 때부터 사적연금이나 퇴직연금 등 노후를 위한 연금을 마련해둬야 한다.

신입사원을 대상으로 강연을 하면 대부분 '목돈 마련'에 가장 관심이 많다. 종잣돈 마련 노하우에 대해 설명할 때 필자는 반드시 연금설계 방법을 함께 언급한다. 금융기관에서 일했던 20대 때를 돌이켜보면 가장 도움이 되었던 것은 개인연금저축에 매월 일정 이상의 금액을 불입한 일이었다. 방카슈랑스(은행에서 판매하는 보험)로 가입해 중도 해약 시 손해를 볼 수 있어 매월 꾸준히 불입했고, 덕분에 현재 은퇴 준비에 큰 도움이 되고 있다.

공적연금만으로는 은퇴 소득을 대비할 수 없는 시대다. 은퇴 전 직장에서 보낸 20~30년의 시간이 은퇴 후 40년 동안의 삶을 결정한다. 공적연금은 월급처럼 은퇴 후 기본적인 생활을 유지하는 데 활용하고, 공적연금을 받지 못하는 소득 공백 기간에는 사적연금을 활용하는 것이 좋다. 퇴직 시기와 국민연금을 받는 시기 사이의 간격을 '소득 크레바스'라고 한다. 시중에는 이러한 소득 크레바스를 건너게 해주는 금융상품이 많이 나와 있다. 이러한 금융상품과 사적연금으로 자녀의 결혼, 의료비 등 노후에 필요한 자금에 대비하기 바란다.

은퇴설계의 패러다임이 바뀌고 있다

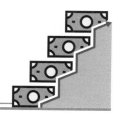

패러다임(Paradigm)은 그리스어 파라데이그마(Paradeigma)에서 유래한 것으로 어떤 한 시대의 견해나 사고를 지배하는 이론적 틀이나 개념을 뜻한다. 미국의 과학사학자이자 철학자인 토머스 쿤(Thomas Kuhn)은 패러다임을 과학적 인식이나 가치관 등이 결합된 총체적인 개념의 집합체로 정의했다. 하나의 패러다임이 나타나면, 이 패러다임에서 나타나는 문제점을 해결하기 위해 다양한 연구활동이 일어나면서 새로운 패러다임이 자리를 잡게 된다. 즉 하나의 패러다임이 영원히 지속되는 것이 아니라 항상 새롭게 만들어지고, 기존의 관념은 쇠퇴하거나 대체되는 현상이 반복된다.

100세 시대 프로젝트

은퇴설계에 있어서도 패러다임은 끊임없이 바뀌고 있다. 평균수명 80세에 맞춰진 교육과 정년, 복지 정책 등 국가 정책의 큰 틀을 다시 100세 시대에 맞게 바꾸자는 '100세 시대 프로젝트'가 활발히 진행되고 있다. 인류 역사상 100세를 평균수명으로 가정하고 살아본 경험이 없는 만큼 '호모 헌드레드'가 은퇴설계의 패러다임을 바꾸는 가장 중요한 축인 것은 분명하다.

통계청에 의하면 고령자가 겪고 있는 대표적인 어려움은 경제적 문제와 건강 문제로 나타났다. 경제적 문제는 도시 지역에 살고 있는 고령자에게, 건강 문제는 농어촌 지역에 살고 있는 고령자에게 상대적으로 더 크다고 한다. 또 물가는 매년 오르는 반면, 은퇴 후 소득은 계속 줄어들어 삶의 질은 떨어지고 있다.

따라서 은퇴를 3년 정도 앞둔 예비 은퇴자라면 재무적인 요소보다는 비재무적인 요소가 강조된 은퇴설계가 필요하다.

1974년 경제학자 리처드 이스털린(Richard Easterlin)은 소득과 행복이 반드시 비례하지 않는다는 연구 결과를 발표했다. 이 연구는 소득이 기본적인 수준을 넘어서면 이후부터 소득이 늘어나도 행복이 더 커지지 않는다는 의미에서 '이스털린의 역설(Easterlin's paradox)'로 불린다. 이 연구는 재무적인 부분만 충족하면 은퇴 이후 행복한 노후가 보장될 것이라고 생각하는 사람들에게 일종의 경각심을 주는 셈이다.

비재무적인 요소를 함께 고려하는 것이 바로 새로운 패러다임의 변화다. 그중 첫 번째는 '은퇴 후 나는 어디서 살고 싶은가?'에 대한 고민이다. 도시에서 오랜 세월 직장에 다녔던 사람은 막연하게 시골이나 교외 지역에서 농사를 짓고 살고 싶다는 로망을 갖고 있다. 하지만 홀로 은퇴 생활을 즐기는 삶이 아니라면 배우자의 동의가 필요한 부분이다.

어디서 살지 정했다면 이제 네트워크 형성과 같은 주변 관계에 대한 부분과 취미나 여가활동 등을 준비해야 한다. 삼성생명 은퇴연구소가 실시한 조사에 따르면 60대 남성이 중요하게 생각하는 삶의 영역의 비중에서 재무 영역은 22%에 불과했다. 재무 못지 않게 건강(41%), 관계(22%), 활동(16%)의 비중도 중요했다. 70대 남성은 재무가 15%로 더욱 낮아지고 대신 관계가 35%로 증가했다.

이처럼 은퇴설계는 돈만으로는 불가능하다. 100세 시대를 두려움 없이 맞으려면 재무적 준비와 비재무적 준비의 적절한 조화가 필요한 것이다.

노후 보장의 패러다임이 바뀌다

미래에셋은퇴연구소에 따르면 10대, 20대, 30대의 삶이 다르듯이 은퇴 후 삶도 크게 60대, 70대, 80대 3단계로 구분된다. 은퇴 후 '60세 이상~70세 미만'을 활동기(go-go years)라고 부르는데, 이 시기가 은퇴 이후 가장 의욕도 넘치고 생활비와 시간을 자신을 위해 상당 부분 투자하는 때라고 볼 수 있다. 100세 인생을 산 연세대학교 김형석 교수도 이 시간을 '인생의 황금기'라고 이야기한 만큼, 활동기는 자유롭게 하고 싶은 일을 할 수 있는 기회의 창이 열린 시기에 해당한다. 활동기 이후에는 건강이 뒷받침되지 않으면 활동에 제약이 생기기 때문이다. 그래서 '70세 이상~80세 미만'은 회상기(reflective years), 80세 이상은 간병기(card years)라고 명명한다.

시어머님을 보면서 이러한 주장이 일리 있다는 생각이 들었다. 결혼할 당시 시어머님의 연세는 70세였다. 남편이 막내아들이어서 친정 부모님보다 나이가 좀 있으셨는데, 한 해가 다르게 몸이 약해지시는 모습을 보면서 마음이 참 아팠다. 실제로 은퇴 이후 간병기에 다다르면 스스로 생활하는 것이 힘들어지고, 타인의 도움을 받아 삶을 이어가는 시기가 온다. 이때부터는 간병인 비용, 병원비, 요양원비 등 건강과 관련된 비용이 지출에서 높은 비중을 차지한다.

이미 초고령 사회를 경험한 일본은 노인의 파산 문제가 심각한 사회문제로 대두되고 있다. 사실 일본의 노인들은 노후를 매우 잘 준비한 세대로 평가받았다. 오랜 시간 안정적으로 직장에 다니며 재산을 모았고, 노후에 사용할 예금도 2억 원 이상 준비한 경우가 많았다. 하지만 자녀 부양을 비롯해 갑작스러운 질병으로 큰돈이 소요되면서 파산하는 노인이 늘고 있다. 장수가 복이 아닌 화가 된 것이다. 이러한 현실은 비단 일본만의 이야기는 아니다.

한국경제연구원에 따르면 2018년 기준 한국의 노인빈곤율은 43.4%로 OECD 37개국 중 가장 높았다. 이는 OECD 평균 14.8%보다 3배나 높은 수치다. 국민연금공단에 따르면 65세 이상 노인 1인 가구의 경우 식료품비, 의료비, 통신비 등 한 달 생활비로 129만 3천 원이 필요한 것으로 나타났다. 그러나 은퇴를 앞둔 51~60세 국민연금 가입자 중 월 130만 원 이상 수급이 가능한 사람은 8.4%에 불과하다. 즉 100명 중 8명만 노후 준비가 되어 있는 셈이다.

또한 과거와 달리 우리나라도 가족에 대한 가치관이 크게 변했다. 현재 은퇴를 맞이한 50대 후반의 경우 이미 부모 세대를 부양하고 있는 경우가 많다. 그러나 자신의 노후에 대해서는 자녀가 자신을 부양할 수 있다고 기대하는 응답률이 매년 낮아지고 있다. 성인 자녀의 독립이 늦어지고 있고 비혼율도 높아지면서 핵가족화를 넘어 1인 경제, 이른바 각자도생의 '솔로 이코노미' 시대가 열렸기 때문이다.

무엇보다 하루가 다르게 집값이 상승하면서 결혼한 자녀의 주택 마련을 위해 노후자금의 절반 이상을 투입하는 경우도 적지 않다. 자녀를 걱정하고 사랑하는 마음으로 도움을 주고 싶은 마음은 십분 이해가 되지만, 부모의 노후자금으로 자녀를 지원하는 것이 정말 현명한 선택일지 고민해볼 필요가 있다.

은퇴설계를 연구하는 전문가들은 과거 전적으로 자녀에게 기댔던 노후 보장의 패러다임이 이미 바뀌었다고 강조한다. 특히 우리나라처럼 교육열이 높은 사회에서는 자녀의 높은 사교육비 지출이 노후 준비의 큰 걸림돌이 되고 있다. 이제 평생 교육의 시대가 열린 만큼 일시적인 사교육을 통한 학습력 증진이 아닌, 자녀에게 능동적인 학습자의 태도로 세상을 살아갈 수 있는 힘을 길러줄 필요가 있다. 이것이야말로 부모가 자녀에게 물려줄 수 있는 가장 좋은 유산이자 성공의 비밀이 아닐까.

자산관리의 3대 축

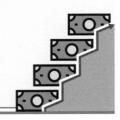

2021년 첫 장이 열리고 코스피는 3거래일만에 사상 처음 3천 시대의 포문을 열었다. 지난 2007년 7월 2천 돌파 이후 13년 5개월 만에 대기록을 쓰게 된 것이다. 2020년은 코로나19 사태로 전 세계 자산 시장이 하락하면서 두려움과 기회가 공존했다. 자산관리에 대한 관심도 늘고, 제도권의 투자 정보 공유 및 자산관리 서비스를 이용하는 고객도 급증했다. 특히 MZ세대의 투자 시장 진입이 두드러졌다. 이제 막 투자를 시작한 MZ세대가 제일 많은 관심을 갖고 있는 주제는 바로 '올바른 돈 관리'다.

자산 증식을 위한
세 가지 축

1. 투자 기간

이처럼 '예금보다는 주식'이라는 공식이 전 국민에게 공감을 얻게 되면서 신규 증권계좌 개설도 폭발적으로 늘었다. 신한 금융투자는 2020년 비대면 증권계좌 개설이 전년 대비 3.3배 늘어난 것으로 집계했다. 2020년 신규 증권계좌 고객 약 30만 명을 대상으로 분석한 결과, 동학개미운동의 중심으로 꼽히는 20~30대의 비중이 67%로 나타났다. 또한 여성 투자자가 전년 대비 3.9배 늘어났고, 성인뿐만 아니라 미성년 고객의 증권 투자 자산도 급증했다.

미성년자의 증권계좌 개설은 '자산관리 3대 축'의 첫 번째 축인 '투자 기간'과 매우 밀접한 관련이 있다. 미성년 투자자에게 부모가 투자해주는 금액은 인당 평균적으로 증여세 부과 기준인 2천만 원 미만인 것으로 집계되고 있다. 또 국내에서도 손쉽게 해외 주식을 거래할 수 있게 되면서 자녀를 통해 해외 유명 기업에 투자하는 비중도 높아졌다.

이러한 변화는 우리나라 부모들이 해외 선진국의 투자 마인드를 본받은 결과라고 생각한다. 자녀가 '시간'이라는 무기의 힘을 체감할 수 있도록, 경제 교육 차원에서 소액으로 직접 투자를 경험할 수 있도록 유도하는 것이다.

고객과 처음 상담을 할 때 필자는 "자산관리 서비스를 받고 싶은 이유는 무엇인가요?"라고 질문한다. 이때 대부분의 고객은 다음과 같이 대답한다.

"돈을 좀 모으고 싶어서요."

"부자들은 다 자산관리 서비스를 받는다고 하더라고요. 그런데 저는 가진 돈이 많지 않아서 이런 서비스를 받아도 될지 잘 모르겠어요."

"돈에 대해 아는 게 거의 없어서요."

자산관리의 목적은 무엇일까? 바로 풍요로운 미래를 만드는 것이다. 내가 건강하고, 일정한 소득활동을 지속할 여력이 있을 때는 충분히 생활이 가능하지만, 노후에는 이러한 일상적인 활동에 제약을 받는 경우가 많다. 따라서 불안한 미래에 대비하고, 가진 자산을 안정적으로 굴리고 불리기 위해 전문가의 도움을 받아 자산관리 서비스를 받는 것이다.

노후 준비에는 '시간'이 제일 큰 무기다. 그만큼 일찍 시작한 사람이 원하는 결과를 얻을 확률도 높아진다. 과거 한 TV 채널에서 유명 연예인들이 노년의 자신의 모습으로 분장해 미래를 상상하는 프로그램을 방영한 적이 있다. 참여자들은 입을 모아 "그동안 노화에 대해 외로움, 슬픔 등 부정적인 이미지만 갖고 있었는데, 구체적으로 노년의 삶을 생각해볼 수 있어 좋았습니다."라는 인터뷰를 남겼다.

우리는 시간을 거스를 수 없다. 시간은 흘러갈 뿐, 그 안에서 내가 할 수 있는 일을 찾아 최선을 다해 좋은 선택을 내려야 한다. 따라서 자산관리는 내가 필요하다고 느낀 순간이 제일 늦은 때라는 것을 깨닫고, 시간을 벌 수 있는 방법을 찾아 지금 바로 실행에 옮기는 것이 좋다.

2. 위험 관리

두 번째 자산관리의 축은 '자금의 성격에 맞게 위험을 관리하는 것'이다. 자산은 크게 금융자산과 부동산으로 나뉜다. 이 둘은 선택적으로 하나만 취하는 것이 아니라 함께 가져가야 하는 동반자 관계다. 간혹 금융자산과 부동산의 가치를 다르게 판단하는 경우가 있는데, 안정적인 노후를 누리기 위해서는 최소한 내가 살 집 한 채는 있어야 한다는 것이 여러 연구의 공통된 주장이다.

하지만 최근 정부의 부동산 정책이 계속 바뀌면서 가격이 불안정하게 폭등했고, 이로 인해 영혼을 끌어모아 투자하는 '영끌 투자'와 빚을 내서 투자하는 '빚투'로 시장이 혼탁해진 상황이다. 필자 역시 부동산 가격이 폭등하는 것을 보면서 과연 결혼을 앞둔 신혼부부가 부모의 도움 없이 신혼집을 마련하는 것이 가능할지 걱정이 앞섰다. 자신의 노력으로 종잣돈을 모아 집을 살 수 있다는 믿음이 만연할 때 우리 사회는 경제적으로 탄탄하고 건강한 사회가 될 수 있다. 그런데 부동산 폭등으로 중산층의 허리가 점점 얇아지면서 이제는 치열한 양극화 현상이 벌어지고 있다. 집의 입지에 따라 부의 불평등이 가속화된 것이다.

필자는 우선 무주택 독자들에게 위로의 말을 건네고 싶다. 가격의 조정이나 하락을 기대하며 부동산 시장에 진입하지 못했다고 해서 자신의 잘못이라고 생각하지 않았으면 좋겠다. 지금의 기형적인 부동산 시장의 열풍은 당신의 잘못이 아니다.

모든 거래는 내가 산 가격에 대해 누군가가 동의하고 사줄 의향이 있을 때 활발히 일어난다. 일본도 과거 우리와 비슷한 구조로 부동산 가격이 움직인 적이 있다. 일본 정부는 가격 상승을 줄이고자 금리를 높였고, 그러자 대출 상환에 대한 부담으로 부동산 매도를 원하는 사람은 늘었지만 이 물량을 받아줄 매수자는 부족해졌다. 그 결과 부동산 가격은 급속히 폭락했고, 이러한 여파는 지금도 일본 경제에 타격을 주고 있다. 이처럼 부동산 정책은 국민의 삶에 밀접한 영향을 끼치는 영역이다.

하루빨리 정부가 조심스럽고 올바른 경제관념을 바탕으로 국민들이 살고 싶어 하는 주택을 제때 공급하고, 시장에서 자율적으로 거래가 일어날 수 있도록 제도적 틀을 제공하는 노력을 기울이기 바라는 마음이다.

부동산 투자는 금융 투자에 비해 개인이 선택할 수 있는 여지가 많지 않다. 투입되는 자금의 규모도 크고, 정책의 영향과 제약을 많이 받기 때문이다. 지금처럼 부동산 규제가 강화된 시점에서는 언제든 금리가 상승될 수 있다는 것을 감안해 매매를 결정해야 한다. 분명한 것은 영끌로 산 나의 집으로 인해 '하우스 푸어'가 되는 일은 없어야 한다는 것이다. 따라서 자신이 감당할 수 있는 위험 범위를 정하는 것이 자산관리의 두 번째 축이다.

3. 현금성 자산 보유

세 번째 자산관리의 축은 '일정 비율은 반드시 현금성 자산으로 보유하는 것'이다. 현금화할 수 있는 유동자산이 부족한 기업의 경우 파산하는 경우가 많다. 가계에서도 자산관리를 할 때 일정 부분은 현금성 자산으로 보유하는 것이 매우 중요하다.

우리나라는 금융자산보다 부동산 등 비금융자산의 비중이 굉장히 높은 나라다. 2021년 금융투자협회에서 주요국 가계 금융자산을 비교한 자료에 따르면, 2019년 말 한국의 가계자산 중 부동산의 비중은 64.4%로 미국(28.1%), 일본(37.9%). 영국(45.2%)보다 높게 나타났다. 반면 금융자산의 규모는 GDP 대비 235.9%로 미국(501.4%), 일본(339.1%), 영국(376.4%)보다 훨씬 낮았다.

비금융자산의 비중이 높다는 것은 다른 말로 자금의 유동성이 나쁘다는 뜻이다. 금융자산이 부족하면 은퇴 후 꾸준한 현금흐름을 창출하기 어려울 수 있다. 따라서 전체 자산의 10~20% 정도는 현금성 자산으로 보유하면서 위기에 대비하는 것이 좋다. 또 현금성 자산은 새로운 기회를 잡을 수 있는 가능성을 제공한다. 향후 시장의 변동성에 따라 현금성 자산이 자산 증식의 토대가 될지 모른다.

노후 준비는 재정설계 및 투자의 최종 목표다. 투자 기간, 위험 관리, 현금성 자산 보유라는 자산관리 3대 축을 바탕으로 은퇴 이후의 삶을 미리 준비한다면 안정적으로 풍요로운 노후를 누릴 수 있을 것이다.

신노년의 특징과
재취업 전략

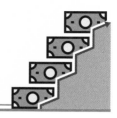

　은퇴를 맞이해 제2인의 인생을 시작한 베이비부머 세대는 기존 세대와 달리 '신노년'이라고 불린다. 신노년은 기존의 의존적이고 수동적인 노년기의 이미지에서 탈피해 혁신적이고 창의적인 활동을 하는 주체성을 갖춘 세대다. 평균수명의 증가로 은퇴 이후에도 적극적으로 경제활동을 하는 등 무기력하거나 지친 모습과는 거리가 멀다.

　일은 단순히 돈을 버는 수단이 아니라, 사회 속에서 관계를 만들어가며 자존감과 자신감을 높여줄 수 있는 원동력이다. 그래서 선진국에서는 제도적 지원을 통해 적극적으로 노인이 계속 일을 할 수 있는 환경을 제공하고, 노인이 정부 지원금이 아닌 실버 취업을 통해 생활하도록 적극 장려한다. 일본은 최근 정년의 기준을 기존 65세에서 70세로 연장했는데, 이는 1994년에 60세 정년제를 도입한 이후 65세까지 고용의무 제도를 꾸준히 보완한 결과다. 최근 정년을 연장한 이유는 저출산 고령화로 인구구조에 변화가 생겼기 때문이다.

우리나라의 고령화 속도를 감안할 때, 우리도 곧 가까운 일본의 사례를 따라갈 확률이 높다. 하지만 정부가 정년을 연장한다고 해도 법적인 효력이 나타나기까지 해결해야 될 과제가 산적한 상황이다. 어쩌면 지금 당장은 정년 연장보다 재취업 전략을 세우는 것이 효과적일 수 있다.

은퇴 후 재취업으로 현금흐름을 만들자

그렇다면 어떤 전략이 재취업에 도움이 될까? 먼저 배워야 한다. 이제는 평생 교육의 시대다. 과거처럼 젊었을 때 공부한 것으로 평생을 먹고살 수 있는 시대가 아니다. 재취업에 성공하는 은퇴자는 대부분 배움에 적극적인 성향을 갖고 있다. 사회적 경험과 지위가 높았다는 이유로 권위적이고 고압적인 자세를 내세운다면 새로운 기회를 잡을 수 없다.

'내가 어떤 사람이었는데, 이런 일을 하라고 할 수 있는가?'

이렇게 생각하면 새로운 기회의 문은 열리지 않았다. 열린 자세로 새로운 것을 익히며 그 안에서 또 다른 즐거움을 경험해야 한다.

다음은 실망하지 않고 자신감을 갖고 도전할 수 있도록 마인드셋을 새롭게 하는 것이다. 2024년이면 신노년 세대가 은퇴 인구의 절반 이상을 차지하게 되고, 2035년에는 노인의 일자리 수요가 폭발적으로 증가될 것이라는 전망이다. 한국노인인력개발원의 〈신노년 세대 노동시장 전망과 노인 일자리 수요 추계〉에 따르면 은퇴자의 수가 늘어날수록 재취업 경쟁도 심화될 수 있다.

요즘에는 유튜브로 자신을 홍보하는 실버 세대가 많은 관심을 받고 있다. 실제로 패션에 관심이 많았던 한 멋쟁이 노신사는 맞춤 양복 재단사로 일했던 경험을 살려 SNS에서 또 다른 시장을 개척하고 있다. 도전하는 마인드로 인생의 2막을 활기차게 시작한 것이다. 또 천안에서 50년째 농사를 짓고 있는 한 노신사는 자신이 운영하는 농장의 일상을 담은 유튜브 채널로 큰 성과를 거두기도 했다.

과거의 노인이 수동적이었다면, 건강한 노년을 살아가는 신노년 세대는 생산적인 노년을 보내고자 하는 욕구가 강하다. 이처럼 은퇴는 했지만 새로운 일자리가 필요한 신노년에 대한 노년학 연구가 미국에서 활발히 이뤄지면서, 미디어에서도 노년에 대한 부정적인 요소보다는 긍정적인 부분에 초점을 맞춘 여러 담론이 제기되고 있다. 과거 '노인'이라고 하면 사회의 구성원으로서 역할을 하지 못하는 병약한 이미지가 강했지만, 최근 미국 사회의 노인 인구는 건강한 신체와 연륜, 지식을 활용해 지역과 사회에 이바지하고 있다.

한국에서도 이러한 신노년 세대가 등장하면서 몇 가지 공통된 특징을 보이고 있다.

첫 번째 특징은 자신의 시간을 바쁘게 보내는 활동적인 노인이라는 점이다. 특히 베이비부머 세대는 산업화, 민주화, 정보화 시대를 거치면서 내공을 키운 잠재력이 큰 세대다. 이들은 퇴직 후에도 지속적인 경제활동을 통해 삶의 질을 높이고 있으며, 다양한 노인 일자리 모델을 개척하고 있다.

두 번째 특징은 젊어서 하지 못한 다양한 교육과 경험에 대한 욕구가 강하다는 점이다. 기존의 노인 세대와 달리 이들은 학력과 건강 수준이 높아서 70대 초반이지만 외모는 50대에 가까운 경우도 많다. 지역의 경로당이나 노인복지관을 이용하는 이전 세대와 달리 신노년 세대는 동창회나 동호회 등을 통해 적극적으로 취미활동에 임한다. 도서관과 미술관 등 다양한 프로그램에 참여하는 노인도 늘고 있다.

세 번째 특징은 기존의 노인 세대와 달리 경제력에 있어서 자녀에 대한 의존도가 낮아졌다는 데 있다. 자립심이 강해 자식 연금에 전적으로 의존하지 않는다. 그러나 신노년 세대 간에도 자산의 격차가 크게 벌어져서 은퇴자금 여부에 따라 삶에 대한 만족도가 크게 달라질 것으로 예상된다.

변화와 미래에
대비하는 자세

미국에서 조사한 바에 따르면, 은퇴한 노인 세대에게 가장 후회되는 게 무엇인지 묻자 '젊을 때 조금이라도 아껴서 좀 더 많은 돈을 모으지 못한 것'이라고 응답한 사례가 많았다고 한다. 앞으로 노후를 맞이할 우리가 지금부터 어떤 자세로 미래에 대비해야 할지 알 수 있는 대목이다. 건강과 돈 관리는 하루아침에 이뤄지지 않는다. 매일 꾸준히 삶을 가꿀 때 나의 노년도 풍요로 워질 것이다.

부자는 타인의 시간을 사기 위해 돈을 쓴다

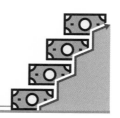

　어제와 오늘, 그리고 내일은 누구에게나 똑같이 24시간이다. 똑같은 24시간이지만 시간의 질은 시간을 사용하는 사람에 따라 달라진다. 주어진 시간을 잘 활용하면 무한한 기회를 찾을 수 있는 반면, 시간을 소홀히 쓰면 있는 기회도 탕진하게 된다. 그래서 슈퍼리치에게 시간은 '금'처럼 귀하다.

　필자는 시간의 소중함과 가치를 직장에 다닐 때보다 1인 기업가로 활동하고 있는 요즘 더욱 체감한다. 직장인은 대부분 퇴근 후의 시간만 온전히 내 시간이라고 생각한다. 그도 그럴 것이 매일 적어도 8시간 이상 직장에서 근무하며 월급을 대가로 고용주에게 자신의 시간을 팔고 있기 때문이다. 하고 싶은 일이나 사색의 시간은 모두 퇴근 이후로 미룰 수밖에 없다.

그러나 1인 기업가로 살아가는 요즘은 24시간이 모두 필자의 시간이 되었다. 특별히 정해진 출퇴근 시간도 없고, 모든 시간을 필자가 원하는 대로 쓰고 있다. 그토록 원하던 '시간부자'가 된 것이다. 그런데 사람들은 보통 시간부자보다는 돈이 많은 돈부자를 훨씬 가치 있게 생각하는 것 같다. 돈이 많으면 하고 싶은 일을 아무 때나 하면서 살 수 있기 때문일까?

독일의 시인 볼프람 에셴바흐(Wolfram Eschenbach)는 "시간을 지배할 줄 아는 사람은 인생을 지배할 줄 아는 사람이다."라고 했다. 시대가 복잡하고, 변화의 속도가 빨라진 만큼 효율적으로 시간을 관리하는 일은 더욱 중요해졌다.

부자는 시간에 투자한다

슈퍼리치와 상담을 하기 위해서는 제일 먼저 상담 약속을 잡아야 한다. 부자들은 늘 시간을 금처럼 생각하기 때문에 상담

돈을 지배하는 31가지 부의 도구

을 할 때도 자신의 스케줄을 우선시한다. 그래서 예약을 하고, 그 예약에 대한 확인도 상담 전에 반드시 확인해야 한다.

의류사업으로 크게 성공한 50대 초반 여성 CEO A고객은 시간을 철저히 관리했다. 늘 상담 5분 전에 정확히 와서 기다리고, 30분 정도 상담이 가능하니 그 시간 안에 맞춰달라며 구체적인 요구를 했다. A고객뿐만 아니라 다른 슈퍼리치도 이처럼 한 치의 오차도 없이 시간 약속을 철저히 지켜달라고 요청하는 경우가 많았다. 1분이라도 시간을 낭비하지 않으려는 철저한 시간관념을 엿볼 수 있다.

반면 A고객과 달리 예약도 없이 불쑥 찾아오거나, 당일에 상담을 해달라며 연락해오는 경우도 있다. 그러한 고객과 이야기를 나누면 상담 내용도 중구난방이기 일쑤고, 다음 예약이 있어 상담도 충분히 하지 못하는 경우가 많다. 이러한 사람들은 본인의 시간을 소중하게 생각하지 않으니 타인의 시간도 편하게 사용하려 한다.

이렇게 다른 두 부류의 사람들을 보면서 필자는 시간을 잘 다스리는 사람과 시간에 끌려다니는 사람이 있다는 것을 알게 되었다. 시간에 끌려다니는 사람은 늘 허둥지둥한 모습을 보여주게 된다. 이처럼 시간의 질은 그 시간을 사용하는 주인이 누구인지에 따라 큰 차이를 보인다.

'공안과'로 유명한 공병우 박사는 한국 최초의 안과의사다. 1995년에 타계해 고인이 되었지만 생전 타인의 시간을 사서 최대한으로 활용하는 데 타의 추종을 불허했다. 그는 게으른 의사는 그 월급을 깎고, 성실한 의사는 좀 더 많은 월급을 지급했다. 그리고 창조적인 아이디어를 만들어내는 혁신적인 의사에게는 가장 많은 월급을 지급했다. 이처럼 공병우 박사는 고용한 의사들의 시간을 최대한 활용하기 위해 돈을 썼다.

기업도 시간에 대한 가치를 높이기 위해 직원 한 명 한 명을 대상으로 인센티브 제도를 시행하고 있다. 그러나 직원이 아닌 고용주의 입장인 슈퍼리치는 어떨까? 고용주의 경우 사업을 잘 운영하기 위해 큰 그림을 그릴 시간이 필요하다. 처음엔 1인 기업가로 시작하더라도 사업의 규모가 커지고 바빠지면 도울 사람이 필요해진다. 그래서 사업 확장을 위해서라도 직원을 고용해야 한다. 직원의 시간을 월급을 주고 사는 행위를 통해 고용주는 생각할 수 있는 시간을 확보하고, 사업을 좀 더 발전시킬 수 있는 방향으로 자신의 시간을 활용할 수 있다.

부자는 시간을 벌 수 있는 일이라면 과감하게 투자를 아끼지 않는다. 투자의 귀재 워런 버핏과의 점심식사는 해마다 자선 경매에 붙여진다. 엄청난 고가임에도 불구하고 경쟁이 치열한데 2015년에는 중국의 사업가 주예(Zhu Ye)가 약 26억 원에 낙찰

돈을 지배하는 31가지 부의 도구

받았다. 낙찰자는 워런 버핏과 점심을 함께 먹으며 그의 인생과 투자 철학, 조언을 듣는다. 이러한 현상을 보면서 부자가 아닌 사람들은 대부분 이렇게 생각할 것이다.

'굳이 저렇게 비싼 돈을 내야 하는 이유가 뭘까? 아니, 저만한 돈이면 내 사업에 더 투자할 수 있을 텐데….'

하지만 부자들은 보이지 않는 가치에 돈을 쓰는 사람들이다. 그 가치를 알기에 아낌없이 워런 버핏과의 한끼에 돈을 쓰는 것이다.

시간은
인생의 동전이다

요즘은 워킹맘 전성시대다. 바깥일과 집안일을 모두 척척 해내는 위대한 엄마들이 참 많다. 그러나 필자는 직장에 다니는 후배들이 가사도우미를 고용해야 될지 고민이라며 조언을 구하면 "돈이 들더라도 꼭 그렇게 하라."라고 이야기한다. 더불어 만약 가족 중에 아이를 돌봐줄 수 있는 분이 있다면 꼭 성의 표시는 하라고 조언한다. 그 이유는 바로 '나'를 위해서다. 돈을 아까워할 필요는 없다. 단 몇 시간만이라도 다른 사람의 시간을 살 수 있다면, 즉 시간에 정확한 가격을 매길 수 있다면 그 시간만큼 의미 있게 살기 위해 노력하면 된다.

부자가 되기 위해서는 생각할 시간이 필요하다. 생각을 하기 위해서는 '나만의 시간'이 확보되어야 한다. 순간순간 선택을 내리고, 삶을 고찰하고, 미래를 설계해야 하는데 집과 직장을 오가는 워킹맘은 생각할 겨를이 없다. 바쁘게 산다고 돈을 많이 버는 것은 아니다. 만약 바쁘게 산다고 돈을 많이 번다면 하루 24시간 쉬지 못하고 일하는 사람들은 모두 부자로 살아야 하는데, 현실은 그렇지 않다.

그러므로 하루라도 젊을 때 시간을 버는 일에 돈을 쓰자. 한 권의 책을 사서 읽는 것도 시간을 버는 일에 돈을 쓰는 것과 같다. 워런 버핏을 직접 만나는 데는 천문학적인 돈이 들지만 그의 책을 사서 읽는 것은 큰돈이 들지 않는다.

시간은 저축할 수 없다. 흘러가는 시간은 잡을 수도 없기에 태어나는 순간 우리는 계속 시간을 사용하게 된다. 따라서 일의 경중에 따라, 그리고 잘하는 일과 못하는 일을 구분해 시간을 잘 운영해야 한다. 모든 일을 다 잘할 수 없다. 그렇지만 내가 잘하는 일에 집중하면 시간을 효율적으로 쓸 수 있어 못하는 일을

돈을 지배하는 31가지 부의 도구

할 때보다 훨씬 효과적이다. 이러한 관점으로 나의 시간을 관리한다면 점점 시간 대비 가치가 높은 일을 찾게 된다.

시간의 가치를 알게 되면 내 삶의 방향과 속도가 바뀐다. 다른 사람들이 정해놓은 '시간당 얼마'의 인생이 아닌, 스스로 나의 가치를 무한하게 만들 수 있다. 미국의 시인 칼 샌드버그(Carl Sandburg)는 이렇게 말했다.

"시간은 인생의 동전이다. 시간은 당신이 가진 유일한 동전이고, 그 동전을 어디에 쓸지는 당신만이 정할 수 있다. 당신 대신 타인이 그 동전을 써버리지 않도록 주의하라."

나 대신 타인이 내 시간을 허비하지 않도록 노력하자. 타인의 시간을 사서 세월을 벌 수 있는 곳에 아낌없이 투자하는 것. 이것이 바로 상위 1%로 살아가는 부자들의 시간관리 비법이다.

전문가를 신뢰하고
적극적으로 이용하자

금융권은 슈퍼리치를 위한 마케팅을 많이 한다. 초부유층에 속하는 슈퍼리치는 평균적으로 금융자산 30억 원 이상, 총자산 200억 원 이상을 일컫는다. 대부분 가업 승계나 재산 상속, 증여세와 같은 분야에 관심이 많다. 자신이 일궈놓은 자산을 다음 세대에 안정적으로 이전하기 위해서다. 금융기관은 이를 위해 부동산, 세무, 회계, 법무, 노무 법인 등과 제휴를 맺어 슈퍼리치의 니즈에 맞는 맞춤형 서비스를 제공한다.

상담을 했던 50대 B고객의 이야기다. B고객은 건물을 상속

받을 예정인데 필요한 준비 과정에 대한 조언을 구했다. 필자는 금융상품 분야의 전문가였기 때문에 상속과 관련해 도움이 될 수 있는 다른 전문가를 연결해드렸다. 이처럼 부자는 늘 겸손한 자세로 믿을 만한 사람을 찾고, 사람을 통해 사람을 소개받는다. 이를 통해 부자는 영향력 있는 사람들과 다양한 네트워크를 형성한다.

PB로 근무할 때의 일이다. 40대 중반의 C고객과 상담을 진행했는데, 그녀는 쉽게 자신의 마음을 여는 스타일이 아니었다. 그래서 자산관리 상담을 할 때 다양한 질문을 통해 C고객의 마음을 열고자 애를 썼던 기억이 난다. 몇 번의 상담을 진행하고 C고객은 필자가 마음에 든다며 자산 10억 원을 맡기고 싶다고 했다. 고객의 신뢰를 받고 이러한 이야기를 들으니 기분이 너무 좋았지만, 필자는 다음과 같이 정중하게 거절했다.

"10억 원을 모두 투자해주시면 저에겐 좋은 일입니다. 하지만 제 생각에 고객님을 위해서는 상품 특성에 따라 기관을 좀 여러 곳으로 나눠서 관리하시는 게 좋을 것 같습니다."

C고객은 그래도 내가 마음에 든다며 모두 관리해주길 바란다고 했다. 그래서 그녀에게 분산투자의 필요성을 언급하며 은

행이 아닌, 좀 더 다양한 금융상품을 거래할 수 있는 증권사와도 거래하면 좋겠다고 제안했다. C고객은 필자에게 "증권사에 아는 사람이 없는데 추천해주세요."라고 요청했고, 지인을 통해 직접 신뢰할 만한 전문가를 연결해줬다.

이렇게 관리를 하고 몇 달이 지나자 고객은 필자에게 "증권사 거래도 할 수 있도록 제안해줘서 고맙다. 곧 부동산을 매각하면 추가 자금으로 20억 원 정도가 생긴다. 추가 자금에 대한 자산관리를 맡기고 싶다."고 이야기했다.

C고객은 자산관리에 익숙하지 않았기에 마음이 가는 PB에게 관리를 받고 싶어 했다. 자산관리를 받는 사람들은 대부분 귀찮기도 하고, 자산 규모가 작기 때문에 한사람에게 모든 관리를 받고 싶어 한다. 하지만 규모가 작든 크든 자금의 성격에 따라 전문가를 따로 두고 자문을 구할 필요가 있다. 똑같은 금융 전문가여도 주식, 채권, 펀드, 보험 등 특화된 분야가 따로 있다. 그렇기에 적어도 3명 이상의 분야별 전문가를 두고 상담을 받아보길 권장한다.

금융상품은 눈에 보이는 상품이 아니다. 가방을 사는 것처럼 눈에 보이는 상품을 구매하는 것이 아니기에 과거의 데이터와 미래의 지표를 놓고 비교하며 의사 결정을 해야 한다. 이러한 무형의 상품을 거래할 때는 전문가와 내가 소통이 잘되고 있는지,

전문가가 신뢰할 수 있는 사람인지 먼저 확인하는 것이 좋다.

40대 초반의 D고객은 금융상품 상담을 10년 이상 받았지만 은행이나 증권사에서 질문하는 일이 어색하게 느껴진다고 토로했다. 그래서 필자는 D고객과 만나면 되도록 어려운 경제용어는 사용하지 않으려 애썼다. 그래도 혹시 고객이 모르는데 아는 것 같은 반응을 보이면 다시 한번 설명하고 넘어갔다. 이렇게 쉽게 풀어서 설명하자 D고객의 반응은 정말 좋았다.

"내가 지금까지 10년 이상 거래를 했는데, 이렇게 부담 없이 마음 편한 상담은 처음이에요."

자산관리 일을 오랜 시간 해온 필자 역시 새로운 용어를 배우거나 시장 환경의 변화를 읽기 위해 지금도 매일 공부하고 있다. 또 코로나19 사태가 확산되면서 최근에는 비대면으로 세계적인 투자사의 전문가 강연을 누구나 쉽게 들을 수 있게 되었다. 관심만 있다면 전문가의 생각을 알 수 있는 기회는 많아졌다. 그럼에도 여전히 경제 관련 용어는 낯설고, 투자가 어렵게 느껴진다면 자신의 눈높이로 설명을 쉽게 해주는 자산관리사를 찾아야 한다.

핀테크 서비스가 확대되면서 금융기관의 오프라인 점포는

점차 축소되고 있는 추세다. 이는 어찌 보면 일반 투자자가 마음 편히 상담할 수 있는 전문가의 숫자도 줄고 있다는 뜻이다. 본업 투자자가 아닌 이상 급변하는 시장의 변화를 시시각각 확인하고 포트폴리오를 관리하기란 쉬운 일이 아니다. 자신에게 맞는 자산관리 서비스를 받고, 자문을 통해 포트폴리오를 관리하는 과정은 인생을 설계받는 것과 같다.

집 앞 가게의 아이스크림이 1개에 1,500원인데, 10분 거리에 위치한 대형마트에서 1천 원에 판다고 가정해보자. 그럼 대부분 대형마트에서 아이스크림을 살 것이다. 아이스크림 하나도 가격을 비교해서 10분을 투자하는데, 자산관리 서비스에 쏟는 시간을 아까워해서는 안 된다. 자신만의 기준과 잣대로 자산관리 전문가를 찾아야 한다. 만약 자산관리 관련 상담을 받아본 적이 없다면 우선 한 번이라도 경험해보길 바란다.

PB센터에서 근무할 당시 보다 많은 사람이 전문가의 조언을 듣고 코칭을 받을 수 있다면 좋겠다는 생각을 했다. 부자들은 이미 주변에 여러 전문가가 포진되어 있어 자산을 계속 안정적으로 관리하고 늘릴 수 있지만 일반 서민은 그렇지 않다. 사실 자산관리는 이제 막 투자를 시작한 평범한 월급쟁이에게 가장 필요한 서비스다. 그래서 필자는 고액 자산가뿐만 아니라 팟캐스트를 통해 초보 투자자를 대상으로 자산관리 노하우를 전파

하고 있다.

소득이 없을 때는 없는 대로, 소득이 증가될 때는 증가되는 대로 모두 관리를 받는 것이 좋다. 돈은 많이 버는 것보다 어떻게 모으고 관리하느냐가 더 중요하다. 자신을 도와줄 수 있는 전문가와 만나 지혜를 얻는 것이 바로 상위1% 부자들의 자산관리 비결이라는 것을 잊지 말자.

4장

부의 감각:

마인드의 차이가
부의 차이로

비관주의의
유혹에서 벗어나라

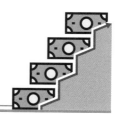

"오 대표님, 주식 시장이 너무 오른 것 같아요. 이제 빠질 일만 남은 것 아닌가요?"

이와 비슷한 질문을 거의 매일 받고 있다고 해도 과언이 아니다. 시장을 바라보는 시선은 크게 두 가지로 구분할 수 있다. 바로 낙관론과 비관론이다.

흔히 '투자는 낙관주의자처럼, 저축은 비관주의자처럼' 하라는 이야기가 있다. 그러나 2010년 잭슨홀 미팅에서 연준 파월

의장이 '영원한 제로금리'를 천명하면서 이제 예금을 통한 저축은 그 효력을 잃었다. 물가상승률보다 이자 금리가 낮아지면서 예금에 돈을 불입하는 것이 오히려 손해를 초래하는 상황이 되었다.

어떤 자세로
투자해야 할까?

그렇다면 우리는 어떤 자세로 투자해야 할까? 모건 하우젤(Morgan Housel)의 『돈의 심리학』에 따르면, 사람들이 경제적 비관주의에 빠지는 이유는 비관주의가 낙관주의보다 똑똑하고 합리적인 소리로 느껴지기 때문이다. 사람들이 경제적 비관주의에 더 잘 설득되는 이유는 다음과 같다. 첫째, 일단 경제적으로 안 좋은 일이 생기면 모든 사람에게 영향을 미친다. 둘째, 비관주의자들은 시장의 유연성과 적응력을 고려하지 않고 미래를 추정한다. 셋째, 진보는 너무 느리게 일어나서 알아채기 힘들지만 파괴는 너무 빠르게 일어나서 무시하기 어렵다.

하지만 경제순환주기를 보면 사이클에 따라 경기는 좋을 때가 있으면 나쁠 때가 있고, 나쁠 때가 있으면 좋을 때가 있다. 따라서 비관주의의 유혹에 빠지는 것을 경계하는 것이 부의 감각을 키우는 매우 중요한 태도다.

투자자라면 한 번쯤 이런 경험이 있을 것이다. 인터넷을 검색하다 주식과 관련된 키워드 중에 '패닉 셀링' '시장 폭락'과 같은 기사를 보게 되면 심장이 쿵 내려앉는다. 기분에서 그치지 않고 실제 내가 투자하고 있는 종목이나 상품을 환매하거나 매도하는 실행력을 보이기도 한다. 그런데 이런 방법으로 잦은 매매를 하게 되면 결과는 늘 좋지 않다.

전 세계 주식 시장이 붉은색을 보이며 상승하는 날에는 이 시장이 왜 오르는지 이유도 모른 채 기분이 좋아서 하루 종일 싱글벙글 웃고 다니는 경우도 많다. 하지만 오를 때 오르는 이유를 모르면 당연히 내릴 때도 시장이 왜 하락하는지 모를 것이다. 하락장이 오면 이유를 분석하기보다는 그냥 기분이 불안하고 우울하다는 이야기를 많이 한다.

투자에는 왕도가 없다. 금융 시장에서 20여 년간 매일 시장을 연구하고 있지만, 경험과 지식이 많아질수록 투자로 돈을 버는 게 어렵다는 것을 실감한다. 하지만 '투자로 돈을 버는 건 쉽지 않다. 내가 직접 일을 하면서 돈은 버는 그 이상으로 공부하고 노력해야 한다.' 하는 마인드를 갖고 투자에 임하면 분명 성공에 한 걸음 가까워질 수 있다.

비관론에
대처하는 방법

그렇다면 증시에 대해 버블이라고 경고하며 비관론을 주장하는 전문가들의 목소리에 어떻게 대처하는 것이 좋을까?

장기적인 관점으로 시장을 바라보면 비관론만으로는 결코 이익을 낼 수 없다는 것을 알게 된다. 단기적인 관점에서 보면 1~2년 안에 당연히 단기 조정도 있을 것이고, 폭락장도 있을 수 있다. 하지만 좀 더 시야를 넓히면 결과적으로 시장은 우상향하는 모습을 보인다. 그렇기에 비관론자들의 이야기에 귀 기울일 필요는 없다. 그들의 의견을 아예 묵살해서는 안 되지만 맹신은 금물이다.

비관론의 무용함은 금융상품뿐만 아니라 부동산 투자에서도 흔히 느낄 수 있다. 인구가 줄고 있다, 정부 규제가 효력을 미칠 것이다, 공급이 수요를 초과했다 등 비관론이 아무리 팽배해도 부동산 가격은 하락하지 않았다. 물론 부동산 시장도 늘 상승장만 있지는 않다. 가격의 조정이 있지만 수요자가 선호하는 입지의 물건은 언제나 우상향했다.

성공하는 투자자가 되고 싶은가? 긍정적인 사고를 가진 겸손한 투자자가 되어 낙관적인 시선으로 시장을 바라볼 수 있다면 기본은 갖춘 것이다. 비관론자들의 이야기에 흔들리지 않고, 나에게 필요한 정보를 활용해 무모한 실수를 줄인다면 성공할 확률을 높일 수 있다. 이러한 태도로 투자에 임한다면 부자의 삶을 살게 될 것이다.

꿈의 크기가
부의 크기를 결정한다

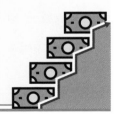

이 세상에서 가장 가난한 사람은 누구일까? 작가 케네스 힐데브란트(Kenneth Hildebrand)는 "돈이 없는 사람이 아닌 꿈이 없는 사람이 가장 가난한 사람이다."라고 말했다. 우리가 사회적으로 바라보는 가난에 대한 시선은 갖고 있는 재산의 정도에 초점이 맞춰져 있지만, 실상은 꿈의 부재에 달려 있다.

하지만 어느 순간부터 꿈에 대한 답을 찾지 않고, 환경에 맞춰 사는 것이 당연해지는 시기가 온다. 이러한 삶을 살면 자신이 만든 한계 속에 갇혀 미래를 바라보는 눈이 흐려지고, 부정적인 시각을 갖게 된다.

꿈을 달성한 사람과 만나면 한 가지 공통점이 있다는 것을 알게 된다. 바로 현실주의자가 아닌 꿈꾸는 자였다는 것이다. 현실주의자는 자신에게 주어진 환경에 맞춰서 나아가지만, 꿈꾸는 자는 이미 꿈을 이룬 것처럼 열정적으로 살아간다. 꿈꾸는 사람에게 포기란 없다. 그래서 꿈을 실현시킬 가능성은 더욱 높아지고, 돈을 담을 수 있는 그릇도 커진다.

마음에서 시작되고
생각에서 창조된다

흔히 사람의 마음을 그릇의 크기로 비유한다. 태평양과 같은 넓은 그릇을 가진 사람이 있는가 하면, 간장종지만도 못한 그릇을 가진 사람도 있다. 사람의 마음을 그릇에 비유하는 이유는 모든 것은 마음에서 시작되고 생각에서 창조되기 때문이다.

얼마 전 우연히 아이의 마음의 크기를 엿볼 수 있는 일본의 공익광고를 보게 되었다. 초등학교 교실에서 미술 수업 시간에 아이들은 모두 자신이 좋아하는 동물을 그리고 있었다. 다른 아이들이 하얀 종이에 부엉이, 호랑이 등 동물 그림을 그릴 때, 유독 한 아이만 검정색 크레파스로 도화지를 가득 채우고 있었다. 새까맣게 말이다. 아이의 정서에 문제가 있다고 판단한 선생님은 아이의 부모에게 정신병원 상담을 권유한다.

수십 장의 종이를 까맣게 채우던 아이는 부모와 함께 상담을 받게 되고 정신병원에 입원한다. 병원에서 아이는 계속 각각의 종이 위에 까맣게 색을 칠한다. 수십 장을 반복해서 비슷한 그림을 그리던 어느 날, 부모는 아이의 책상 서랍에서 퍼즐 한 조각을 발견한다. 아이가 그렸던 그림이 퍼즐의 한 조각이 아닌지 생각하면서 그동안 그렸던 그림을 하나하나 연결하게 되었고, 운동장만한 크기의 거대한 혹등고래가 모습을 드러낸다. 공익광고는 다음의 문구와 함께 마무리된다.

'아이의 잠재력을 키워주는 데는 어른들의 상상력이 필요합니다.'

어른의 눈으로 볼 수 없었던 아이의 마음에는 거대한 혹등고래가 있었다. 퍼즐 조각을 맞추듯 한 장씩 그림을 그려서 전체 그림을 완성한 것이다. 아이는 어른은 상상할 수 없는 태평양과 같은 넓은 마음으로 그림을 그렸다.

돈도 사람의 그릇에 따라 담긴다. 운 좋게 하늘에서 돈이 떨어지더라도 자신의 그릇만큼 담아낼 수 있다. 로또에 당첨되어 하루아침에 부자가 된 사람도 마찬가지다. 누군가는 빠른 시간 내에 다시 파산하는 반면, 누군가는 당첨금을 잘 활용해 더 큰 부자가 된다. 인생의 큰 그림 없이 부자가 되고 싶다는 마음만 앞서면 실패할 수밖에 없다. 이는 마치 씨앗은 뿌리지 않고 열매를 거두려는 것과 같다.

　은행에서 비교적 이른 나이에 명예퇴직을 했던 경험은 필자의 삶에 큰 영향을 끼쳤다. 어떻게 사는 것이 진짜 내가 원하는 인생인지를 진지하게 고민하게 되었고, 다양한 활동을 통해 기회의 창을 열게 되었다. 부자들이 세상이 만들어놓은 프레임에서 과감히 벗어날 수 있었던 이유는 마음속에 큰 그림이 있었기 때문이다. 필자는 좀 더 많은 사람들이 경제적 자유를 경험할 수 있기를 바랐다. 그래서 상위 1% 슈퍼리치의 자산관리를 담당하면서 체득한 지식과 지혜를 나누게 되었고, 재정적으로 고민과 번민이 많은 이들을 위해 물심양면 노력했다.

　현재는 성인뿐만 아니라 청소년들도 금융지능을 키우고, 창업 마인드를 키울 수 있도록 여러 프로그램을 운영하고 있다. 우리나라의 청소년들이 경쟁하면서 살아가는 인생이 아닌, 아름답게 독점하는 온리 원(Only one)이 될 수 있도록 돕고 있다.

　또 통일 한국의 미래를 준비하는 일에도 힘쓰고 있다. 북한 이탈주민을 대상으로 그들이 한국에 잘 적응할 수 있도록 경제 멘토링을 진행하고 있으며, 2030세대와 함께 평화와 통일이 우리의 미래에 어떤 영향을 끼칠 수 있는지 연구하고 있다.

꿈의 크기를
키워라

꿈을 꾸면 생기 있는 삶을 살게 된다. 심장이 뛰고, 세상을 바라보는 시각이 바뀌기 때문이다. 하지만 꿈을 꾸지 않으면 지금 내가 살고 있는 현실에만 초점을 맞추게 된다. 누구나 인생은 한 번뿐이다. 자신의 꿈을 좇아서 사는 사람은 꿈의 크기만큼 부의 성공도 빠르게 이뤄진다. 하지만 돈을 좇아서 매달 들어오는 월급에만 집중하면 훗날 회한만 남게 될지 모른다.

토끼와 거북이 이야기에서 거북이가 토끼를 이길 수 있었던 이유는 거북이의 꿈이 토끼보다 컸기 때문이다. 경주를 시작할 때 처음부터 거북이가 '나는 절대 토끼를 이길 수 없어.'라고 생각했다면 그 경주는 졌을 것이다. 하지만 거북이의 마음에는 토끼를 이기고, 정상의 위치에 선 자신의 모습이 담겨 있었다.

많은 사람이 돈을 위해 일하고 있다. 하지만 부자들은 돈이 자신을 위해 일하도록 한다. 돈을 버는 데 급급해 꿈을 놓치면 돈은 멀리 도망간다. 하지만 꿈의 크기를 키우고, 돈을 만들 수 있는 방법에 집중하면 돈은 나를 위해 일하기 시작한다.

비전은 보이지 않는 것을 볼 수 있는 힘이다. 단기적으로 보이는 것만 믿고 살아가는 이들에게 삶은 그저 치열하고 무미건조하고 허망할 뿐이다. 하지만 장기적인 비전을 품고 세상을 살아가는 이들은 조금 넘어지고 실패하더라도 훌훌 털고 일어선다. 아마존의 창업자 제프 베이조스(Jeff Bezos)는 아마존을 세계적인 기업으로 성공시킨 뒤 더 큰 꿈을 위해 공식 사임했다. 어린 시절부터 우주 비행을 꿈꿨다는 제프 베이조스는 사임 후 우주 여행에 도전했다. 그의 상상은 정말 현실이 되어 그는 최근 우주 여행에 성공했고, 이는 우주관광산업의 상용화에 새로운 신호탄이 되었다.

수많은 성공자가 당신에게 조언하고 있다. 돈을 좇으면서 가난하게 살지 말고, 큰 그림을 따라 부자로 살아가라고 말이다. 현실은 벼랑 끝이더라도 큰 꿈을 꾸는 사람은 언제든 정상 위에 서 있는 자신의 모습을 상상할 수 있다. 성공에 대한 열망과 꿈의 힘은 든든한 우군이 되어 당신에게 빛나는 열매를 가져다 줄 것이다.

저금리·저성장에도 해법은 있다

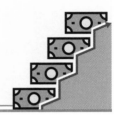

"금리가 너무 낮아서 어디에 투자를 해야 되나 고민이에요."

"대출 한도는 줄고, 부동산 가격은 계속 오르는데 지금이라도 부동산을 사야 할까요?"

"불경기로 장사를 계속 해야 될지 걱정입니다."

최근 이와 비슷한 고민을 토로하는 고객이 늘고 있다. 2021년 7월, 유엔무역개발회의에서는 대한민국을 선진국으로 인정하는 데 만장일치로 동의했다. 우리나라의 국제적 위상이 과거와 달라졌다는 것을 알 수 있는 대목이다. 하지만 안타깝게도 개개인이 체감하는 경기 상황은 그렇지 못한 것 같다. 오히려 경제가 발전될수록 양극화가 심해져서 잘사는 사람은 더 잘살고, 못사는 사람은 더 못사는 시대가 되었다. 실제로 부의 대물림이 심화되면서 서울 아파트를 가진 10~20대 집주인의 비중이 크게 증가하고 있다.

이런 상황을 해결하고자 정부에서도 정책을 통해 부의 재분배를 꾀하고 있다. 그러나 정책적인 지원보다는 실질적으로 부의 양극화를 줄일 수 있는 계층 이동의 사다리 재건이 시급하다고 생각한다. 어느새 우리 사회는 도전, 성공이라는 단어보다 실패, 좌절, 포기 등의 단어로 물들고 있는 것 같다. 한참 가슴 뜨겁게 꿈을 꾸고, 치열하게 도전해야 할 시간을 그냥 흘려보내고 있는 청춘도 늘고 있다.

삶에서 진짜 중요한 것은 현재 나의 위치가 아니라 나아가고 있는 방향이다. 그런데 우리나라는 어떠한가? 모두 자신의 위치에서 갈 곳을 찾지 못하고 주저앉아 있다. 목적지를 잃은 것이다. 갈수록 생존이 어려워지면서 안전하다고 믿었던 모든 것이 흔들리고 있다. 대학을 나오고, 좋은 직장에 들어가서 차곡차곡 돈을 모아 부자가 되었던 예전의 방식이 더 이상 통하지 않게 되었다. 이제는 저성장·저금리의 시대에 맞는 새로운 성공의 방정식을 찾아야 할 때다.

많은 사람이 생계를 위협받고, 구조조정의 위험에 휘말리면서 불안감에 위축된 상태다. 실제로 오늘 하루 잘 보낸 것만으로도 만족한다는 사람이 늘고 있다. 이렇게 상황이 힘들어지면 사람은 대개 내가 아닌 다른 사람을 탓하게 된다. 그래야 조금이라도 마음이 위로되기 때문이다. 세상이 바뀌었다고 불평하며 환경 탓만 해서는 안 된다. 지형 변화에 미리 대비하지 않고 세월만 보내면 분명 후회하게 될 것이다. 준비되지 않은 노후는 매일매일이 공포이기 때문이다.

이직 혹은 휴직으로 커리어에 공백이 생기는 여성이 점점 늘고 있다. 과거에는 업무에 지장을 준다는 이유로 출산일에 가까워져서 해고되는 일도 잦았다. 저출산, 고령화로 인한 인구 감소 문제가 심각해지면서 최근에는 정부가 나서서 임신, 출산으로 불이익을 주는 업체를 제재하고 있지만, 여전히 많은 여성이 경력 단절 문제를 호소하고 있다. 유수의 대학을 졸업하고 기업에서 좋은 성과를 내던 필자의 한 지인도 아이들 양육으로 회사를 그만둔 다음, 결국 구직을 아예 포기했다. 노동 시장이 선진화된 유럽에서는 출산과 양육으로 경력이 단절되는 사례가 많지 않다. 다양한 일자리 정책으로 일과 가정의 양립이 가능할 수 있는 시스템이 잘 구축되어 있기 때문이다.

삶의 관점을 바꿀 때
인생의 길도 바뀐다

일은 자신의 정체성을 드러낸다. 단순히 시간을 채우고 돈을 버는 과정이 아닌, 자아를 실현하고 꿈을 이루는 기회의 장인 것이다. 평생 직장의 개념이 사라지면서 타성에 젖어 사는 사람들의 삶은 갈수록 힘들어지고 있다. 반면 양극화는 가속화되어 부자들은 더 빠른 속도로 부를 늘리고 있다. 왜 이런 차이가 발생하는 걸까?

〈블룸버그〉는 최근 전국에 카카오 열풍을 일으킨 김범수 카카오 이사회 의장이 이재용 삼성전자 부회장을 제치고 '국내 최대 부호' 자리에 등극했다고 보도했다. 그는 2남3녀 중 맏아들로 8명의 식구와 단칸방에 살며 가난한 유년기를 보냈다. 서울로 무작정 상경한 뒤에는 아버지는 막노동과 목공일을 했고, 어머니는 식당에서 일하며 자식들을 키워냈다. 그는 한 인터뷰를 통해 가난한 유년기에 대해 다음과 같이 이야기했다.

"어머니하고 같이 살아본 적이 거의 없어요. 지방에 돈 벌러 다니신다고 말이죠. 2남3녀 중 맏아들인데 대학에 간 건 저

혼자뿐이었죠. 그래서 저한테는 트라우마가 있었던 것 같아요. 모성애에 대한 트라우마, 그리고 가난에 대한 트라우마 말입니다."

하지만 이러한 어려운 환경 속에서도 김범수 의장은 희망을 잃지 않았다. 문제가 생기면 스스로 마음속으로 질문을 던지며 해결하기 위해 노력했다. 김범수 의장은 늘 한발 앞서 시대의 흐름을 읽기 위해 노력했다. 그 결과 경쟁자들이 프로그래밍에 집중할 때 유니텔 사업에 자원했고, 인터넷에 대한 개념이 희미하던 시절에는 회사를 관두고 한게임을 차렸다. 아이폰이 출시되는 것을 본 다음에는 모바일 메신저 서비스에 주목했다.

"사건 A가 발생했는데 한발 앞서 사건 B에 주목하는 것, 그리고 질문을 던지는 것, 바로 이것이 남들이 모르는 세상의 비밀 하나를 가질 수 있는 비결입니다. 길게도 필요 없어요. 딱 6개월만 앞서 다르게 보고 질문을 던지면 웬만한 건 다 준비할 수 있습니다."

김범수 의장은 질문의 힘을 통해 남들보다 앞서가는 삶을 살았다. 그는 청년들에게 어떠한 문제나 현상이 발생하면 질문을 던지는 훈련을 통해 미래를 내다보라고 강조했다. 또 '패러다임의 변화에 주목하고 관점을 이동해볼 것, 문제를 정의할 것'을 주문했다.

"영화 <올드보이>를 보면 15년을 가두잖아요. 최민식이 '어떤 놈이 대체 날 가뒀나?' 고민하고 관객들도 그 느낌을 쫓아가죠. 하나씩 비밀이 풀어지니까 '저래서 가뒀구나.' 하죠. 그런데 영화가 끝나나 싶었는데 유지태가 딱 한마디합니다. '당신이 틀린 질문을 하니까 틀린 답만 찾을 수밖에 없다.'고요. '왜 가뒀나가 아니라 왜 풀어줬나가 올바른 질문이다.'고 말이죠."

지금과 같은 저성장·저금리 상황에 대한 해법도 비슷한 방식으로 답을 찾을 수 있다. '왜 열심히 일하면 일할수록 가난해지는 걸까?'라는 질문 대신 '살기 힘든 환경에서 어떻게 하면 잘 살 수 있을까?' '모두가 힘든 상황에서 어떻게 하면 이 위기를 극복할 수 있을까?' 하고 관점을 바꾸는 것이다. 이러한 질문을 자신에게 던질 때, 나에게 가장 잘 맞는 해답을 찾을 수 있고 올바른 방향으로 나아갈 수 있다.

정부 정책이나 주변 사람들의 말에 휘둘리지 말자. 그러한 내용은 사회의 한 단면일 뿐이다. 위기일수록 나에게 필요한 현명한 질문을 던지고, 나에게 맞는 길을 찾을 필요가 있다. 우리의 삶을 이끌어가는 것은 바로 우리 자신의 생각이다. 생각을 전환하면 지금의 위기가 오히려 당신의 삶을 더 빠르게 성공의 길로 안내할지 모른다.

젊은 부자로 살고 싶다면 '나'를 브랜딩하라

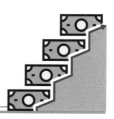

"회사 그만두고 요즘 어떻게 지내니?"

지인들이 근황을 물으면 필자는 이렇게 답한다.

"창업해서 지식사업가로 살고 있어."

퇴직을 하고 창업을 준비하면서 삶의 방향성에 대한 고민을 많이 했다. 30대 중반인데 직장인으로 계속 살아갈 것인가, 아니면 나만의 사업을 시작할 것인가? 두 가지 길 앞에서 고민이 깊었다. 애플의 창업자 스티브 잡스(Steve Jobs)는 혁신에 대해 '리더와 추종자를 구분하는 잣대'라고 정의했다. 필자는 혁신의 길을 선택했고, 직장인의 삶에서 벗어나 회사를 창업하고 책을 내고 컨설팅과 강연을 진행하는 등 지식사업가로서 활발히 활동하고 있다.

젊은 부자로 살고 싶다면 혁신의 길을 걸어가야 한다. 대기업 임원으로 스톡옵션을 받지 않는 이상 회사 월급만으로 부자가 된다는 건 불가능에 가깝다.

스펙보다 중요한
퍼스널 브랜딩

원활한 취업과 이직을 위해서는 몇 가지 필요한 요건이 있다. 이러한 요건을 우리는 소위 '스펙'이라고 부른다. 스펙이 나쁘면 실업자가 된다는 생각에 전 국민이 스펙 쌓기 열풍에 휩싸였다. 스펙 한 줄을 더 채우기 위해 청년들은 취업 컨설팅을 받고, 자격증을 따고, 봉사활동에 참여한다. 최근 기업에서 '탈스펙' 채용 문화가 확산되고 있지만 여전히 구직자들의 스펙 경쟁은 치열한 상황이다.

비싼 등록금을 들여 대학을 졸업해도 뾰족한 수가 없으니 영어와 컴퓨터 자격증 등 스펙으로 눈을 돌리게 된 것이다. 하지만 이렇게 열심히 스펙을 쌓아도 취업률은 더욱 낮아지고, 양질의 일자리는 갈수록 줄고 있다. 노력의 가치를 인정받지 못한 채 기회를 잃어버린 청년들은 절망과 낙담에 빠졌다.

직장인도 마찬가지다. 바늘구멍을 뚫고 정규직으로 근무해도 명예퇴직, 구조조정과 같은 예상하지 못한 변수들이 가득하기 때문이다. 내가 통제할 수 있는 변수는 사실상 거의 없다. 회사에서 일할 기회를 주면 다니는 것이고, 그렇지 않으면 하루아침에 백수가 되는 것이 바로 직장인의 삶이다.

이렇다 보니 직장에 다닐 때 미리 제2의 인생을 준비하지 않으면 훗날 큰 화를 초래할 수 있다. 미래를 낙관하고 회사에서 주어진 일만 처리하는 것은 리스크 관리 차원에서 지양해야 한다. 현업에 있을 때 자신의 전문성을 더 갈고닦아야 은퇴 이후의 삶에 대비할 수 있다. 필자는 사회초년생 때부터 직장 선배들의 고민을 들어왔던 터라 꾸준히 자기계발에 임했다. 매일 외국어 공부를 했고, 자산관리와 관련된 자격증을 취득하고 칼럼을 읽으면서 시장경제를 연구했다. 만족스러운 컨설팅을 위해 독서와 여행을 통해 견문을 넓히고, 부자들의 성향과 라이프스타일을 분석했다.

어느 정도 전문성을 키운 다음에는 이제 사업을 잘할 수 있는 방법이 궁금했다. 그리고 스펙보다 퍼스널 브랜딩(Personal Branding), 즉 '나' 자신을 브랜딩하는 것이 더 중요하다는 것을 깨달았다. 이때부터 성공한 1인 사업가의 삶을 분석하며 창업 노하우를 익혔다.

대표적인 지식사업가로는 구본형 변화경영연구소의 구본형 이사와 공병호경영연구소의 공병호 박사가 있다.

구본형 이사는 2005년 『그대, 스스로를 고용하라』를 통해 1인 기업가의 삶을 소개했는데, 집단을 가리키는 '기업'에 '1인'이라는 단어를 연결시킨 이 단어는 수많은 자유계약직을 대변하면서 새로운 시대를 상징하는 말이 되었다. 시대를 읽는 눈이 예리했던 구본형 이사는 IBM에서 퇴직한 뒤 독보적인 콘텐츠로 자신만의 탄탄한 수익모델을 만들었다.

공병호경영연구소의 공병호 박사는 조직에 얽매이지 않고 퍼스널 브랜딩을 통해 저술 활동과 강연을 했다. 그의 브랜드가 책과 강연은 물론 연구소의 가치로 연결되면서 그는 경영 컨설팅, 기고, 방송 등 끊임없이 새로운 영역을 개척해나갔다.

두 사람의 공통점을 찾아보면 바로 책을 써서 자신을 브랜딩했다는 데 있다. 유명 연예인이나 사업가도 책을 통해 자신의

돈을 지배하는 31가지 부의 도구

가치를 더욱 높이고 있다. 필자의 주변에는 1인 기업가로 활동하고 있는 지인이 많은데, 그들 역시 대부분 책을 통해 자신의 가치를 높였다. 집필뿐만 아니라 요즘은 SNS를 활용해 자신을 브랜딩하는 경우도 많다. 실제로 SNS를 통해 가장 좋아하고, 잘 아는 분야를 소개하며 자신을 세상에 알리는 크리에이터를 흔히 볼 수 있다. 과거에는 공중파 방송에 출현해야 전국적으로 유명해질 수 있었지만, 이제는 누구나 쉽게 SNS를 통해 자신을 브랜딩할 수 있는 시대가 되었다.

세상이 빠른 속도로 바뀌는 만큼 앞으로는 창업이 대세가 될 것이다. 그중에서도 '1인 기업' '1인 창업' '스타트업'은 부의 사다리이자 사회와 경제를 관통하는 주요 키워드로 자리 잡았다. 젊은 나이에 큰 성공을 이루고 싶다면 자신을 브랜딩하는 데 최선을 다해야 한다.

1인 기업가에게 정년, 즉 은퇴를 해야 하는 나이란 없다. 오히려 시간이 지날수록 자신의 경험과 지식이 더해져 더 풍성한 삶을 살 수 있다. 퍼스널 브랜딩으로 외연을 넓힌다면 당신의 세계는 훨씬 더 커질 것이다.

부자는 가치관이 뚜렷하다

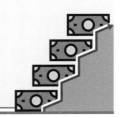

"비관론자는 모든 기회에서 어려움을 찾아내고, 낙관론자는 모든 어려움에서 기회를 찾아낸다."

영국의 정치가 윈스턴 처칠(Winston Churchill)의 말이다. 시대가 바뀌었지만 그의 말은 지금도 유효하다. 필자가 만난 부자들은 세상을 낙관적인 눈으로 바라보며 어려움 속에서도 기회를 찾는 공통점이 있었다.

근무하던 은행이 한국에서 철수하면서 필자는 명예퇴직을

결심하게 되었다. 창업을 앞두고 동분서주하는 필자에게 우리나라 상위 1% 자산가인 A고객은 이런 조언을 했다.

"새로운 일을 시작할 때는 뒤를 돌아보지 말고 거침없이 앞으로 나아가야 해요. 그러면 원하는 것을 얻을 수 있어요."

A고객의 조언은 용기 있게 앞으로 나아갈 수 있는 원동력이 되었다. 직장이라는 울타리에서 벗어나 1인 지식사업가로 활동하면서 성공자의 마인드가 얼마나 중요한지 깨닫게 되었다. 모든 것을 혼자 해야 하다 보니 1분 1초가 늘 아쉬웠다. 그래서 과거의 실패에 연연할 시간이 없었다.

주변을 돌아보면 과거에 얽매여 사는 사람이 참 많다. 이러한 사람은 과거의 실패에 발이 묶여 앞으로 나아가지 못한다. 인생의 시계는 계속 미래를 향해 째깍째깍 움직이는데 삶의 위치는 과거의 어느 한 부분에서 멈춰 있다. 결과가 좋든 나쁘든 책임지고, 정리하고, 잘 해결한 다음 넘어가면 된다. 수익모델이 아무리 탄탄해도 과거에 발이 묶여, 남보다 적게 일하면서 더 풍성한 가치를 창출할 수 있는 기회를 눈앞에 두고 놓친다면 아무 소용이 없다.

부자에게 필요한
성공자 마인드

자산관리 서비스를 이용하는 고객은 크게 두 부류로 나뉜다. 과거를 기준으로 세상을 바라보는 고객이 있는 반면, 부자로 살기 위해 변화를 추구하는 미래지향적인 고객이 있다. 전자는 과거 자신이 잘나가던 시절을 중심으로 세상을 바라본다. 그래서 현재나 미래에 대한 그림이 불투명하다. 반면 후자는 부자로 살아갈 수 있는 방법을 갈구하고, 관련된 조언을 듣기 위해 노력한다. 미래지향적인 사람은 상담을 받을 때도 눈빛이 반짝반짝 빛난다.

버진그룹의 창업자 리처드 브랜슨(Richard Branson) 회장은 난독증으로 고등학교를 중퇴해 교육을 제대로 받지 못했다. 재무제표조차 잘 읽지 못하지만 그는 현재 '창조 경영의 아이콘'으로 불리며 존경받는 기업가로 살고 있다. 리처드 브랜슨 회장의 책 『내가 상상하면 현실이 된다』에는 작은 레코드 가게에서 시작해 영국의 대표 기업이 된 버진그룹의 성공 신화가 담겨 있다.

버진(Virgin)이라는 이름은 무(無)에서 시작했다는 사실을 반영한 것으로 순수한 상태, 누구의 손도 닿지 않는 상태를 의

미한다. 무에서 유를 창조한 리처드 브랜슨 회장은 실수와 실패, 과거에 연연하지 않는 경영관으로 유명하다.

"리더는 자신의 조직원을 아끼는 사람이다. 사소한 실수는 오히려 칭찬하고 또한 큰 실수도 질책하지 않는다. 왜냐하면 실수를 저지른 사람은 이미 자신의 실수를 알고 있기 때문이다. 사람은 누구나 잘하고 못하는 분야가 있다. 리더는 그 조직원이 잘하는 일을 찾아주는 사람이다."

캐나다 벤쿠버에서 공부할 때 버진레코드를 자주 갔던 기억이 난다. 기분 전환에 도움을 주고, 좋은 추억을 만든 곳이다. 리처드 브랜슨 회장은 1967년 버진레코드를 시작으로 철도, 항공, 모바일 서비스, 레저, 스포츠, 미디어, 금융, 건강, 환경, 자선사업에 이르기까지 다양한 영역에 도전했다.

큰 부를 이룬 사람은 하나의 성공에 만족하지 않고 또 다른 성공을 계속 만들어낸다. 그렇기에 과거에 머물며 자신의 시간을 낭비하지 않는다. 자신의 신념을 믿고 앞으로 나아가는 힘, 즉 성공자 마인드를 본받아야 하는 이유다.

성공자 마인드에 대해 강연할 때면 필자는 이렇게 화두를 던진다.

"성공하고자 하는 마음과 실패에 대한 두려움, 두 마음을 갖지 말라."

마음의 방에 두려움이라는 감정을 초대하는 순간, 성공자로 살아가는 삶과는 멀어진다. 도전에 대한 용기도 사라지고, 실패에 대한 두려움으로 한 발자국도 나가지 못한다. 그런 상태에서 성공하고 있는 주변 사람을 보면 질투심에 시선은 비뚤어진다.

"내가 성공하면 할수록 주변에서 시기와 질투도 심해지더라고요."

40대 초반 여성 B고객의 이야기다. 강남의 100억 원대 빌딩을 소유한 B고객은 20대 때 과외를 시작으로 학원을 창업해 사업을 키웠다. 또래 친구들이 평범하게 직장생활을 할 때 B고객은 과감히 교육사업에 뛰어들었다. 학원생들의 명문대 진학률이 해마다 높아지면서 입소문이 났고, 실력을 인정받아 또래보다 10배 이상 높은 수입을 올렸다. 그런데 주변 친구들은 격려는커녕 이런 이야기로 기운을 빠지게 했다.

"돈이 좋다하지만, 인생 뭐 있다고 그렇게 열심히 살아?"

돈을 지배하는 31가지 부의 도구

"친구 얼굴도 못 볼 만큼 일에 목숨을 거니?"

"돈도 많이 버는데 네가 사라."

학원 일의 특성상 정시에 출퇴근하는 친구들과 달리 저녁에 일을 해야 했고, 주말에도 쉴 수 없었다.

'나도 그냥 직장생활하면서 평범하게 살 것을, 괜한 고생을 하고 있는 건 아닌가?'

주변 친구들에게 핀잔을 들으면 이런 생각이 들었다고 한다. 하지만 자신을 믿어주는 학생과 학부모를 보며 용기를 냈고, 흔들림 없이 뚜벅뚜벅 하루하루를 보냈다. 몇 년 후 B고객은 교육 사업으로 벌어들인 수입과 자산관리를 통해 빌딩의 주인이 되었다.

큰 부를 이룬 B고객은 더 이상 예전처럼 밤낮없이 일할 필요가 없었다. 그러나 젊은 시절 자신을 질투하고 타박했던 친구들은 여전히 팍팍한 삶을 살고 있었다. 이제는 오히려 B고객을 부러워하며 부자가 될 수 있는 비결에 대해 묻곤 했다.

성공자는 남들이 비난을 하든 질투의 시선을 보내든 굳은 신념을 바탕으로 자신이 옳다고 생각하는 일을 한다. 이러한 신넘은 '나답게' 살 수 있는 원동력이 된다.

인생을 살아갈 때 생각대로 살지 않으면 사는 대로 생각하게 된다. 인생의 목표를 이루고, 부를 이룬 사람들의 공통점은 '나다운 삶'을 살았다는 것이다.

영국의 극작가 조지 버나드 쇼(George Bernard Shaw)는 자신의 묘비에 이런 글을 남겼다.

'우물쭈물 하다가 내 이럴 줄 알았어.'

이룬 것도 없이 남을 탓하면서 허무하게 죽음을 맞이할 것인가, 아니면 원하는 삶을 마음껏 살 것인가. 이는 전적으로 나의 선택에 달려 있다. 분명한 가치관을 바탕으로 삶의 행복을 추구하고 목적을 분명히 해서 앞으로 나아가자. 뚜벅뚜벅 걸어나가면 어느새 꿈은 현실이 되고 성공자의 인생으로 살아가게 될 것이다.

내 커리어가
자산관리의 시작이다

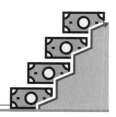

"대표님, 자산관리를 배우고 싶은데 어떻게 하면 될까요?"

"지금까지 제대로 된 자산관리를 배운 적이 없습니다."

"노후 준비를 얼마를 해야 하나요?"

은퇴해도 쉬지 못하는 '반퇴 시대'를 살아가는 요즈음, 상담을 의뢰한 고객들에게 이와 비슷한 질문을 많이 받는다. 기존의 은퇴 세대는 평균적으로 7~10%의 경제성장률과 고금리 시대를 살았다. 하지만 반퇴 세대는 비약적으로 늘어난 기대수명에 비해 의존할 수 있는 사회안전망과 장치가 거의 없다. 자녀의 도움은 기대하기 어렵고, 의료비 지출은 급증하고, 공적연금은 턱없이 부족한 상황이다. 퇴직을 하고도 은퇴를 못해 구직 시장을 기웃거리는 반퇴가 일상이 된 이유다.

자신의 파이부터
키워야 하는 이유

자산관리 컨설팅을 진행할 때, 필자는 자신의 파이를 늘릴 수 있는 방법부터 찾으라고 강조한다. 한정된 자산을 쪼개는 것보다 파이의 크기를 키우는 것이 더 효과적이기 때문이다.

대기업에 종사하는 C와 D는 입사 동기다. C와 D는 비슷한 연봉으로 시작했지만 자산관리에 대한 관점이 달라 10년 뒤 다른 인생을 살게 되었다.

C에게는 '10년 안에 1억 원 모으기'라는 분명한 목표가 있었다. 그래서 매달 절약해 100만 원씩 저축했고, 실제로 10년 뒤에 1억 원 이상의 목돈을 만들었다. 하지만 C는 전혀 행복하지 않았다. 근면 성실한 자세로 목표를 달성했지만 저금리로 이자 수익이 계속 줄어들고 있어 고민이 많다. 입사한 지 10년이

지났지만 업무적으로 뚜렷한 성과 없이 직장을 다니다 보니 언제까지 다닐 수 있을지 한숨만 나온다.

반면 D는 저축은 C보다 적게 했지만 월급의 30%를 꾸준히 자기계발에 투자했다. 회사가 중국 시장에 진출하자 중국어와 중국의 문화를 연구했고, 휴가철에는 중국 여행을 통해 업무 아이디어를 체득했다. 10년이 지난 현재는 회사에서 중국 시장에 정통한 전문가로 인정받고 있다. 회사를 영원히 다닐 수 없다는 것을 알기에 중국 여행에서 발견한 사업 아이템을 바탕으로 즐겁게 제2의 삶을 준비하고 있다.

직장인의 삶은 크게 C와 D로 나뉜다. 안하무인처럼 저축도 자기계발도 안 하는 사람도 있지만 대부분 둘 중 하나를 선택하게 된다. 당신은 C의 삶을 살고 있는가, 아니면 D의 삶을 살고 있는가?

이 둘의 앞날은 예측하기 쉽다. 현재의 금융자산만 놓고 보면 C의 삶이 성공적으로 보일 수 있지만, 인생을 길게 놓고 보면 D가 현명하다는 것을 알 수 있다. 물론 직장에서 주어진 일만 잘하는 것도 쉽지 않다. 하지만 직장에서의 삶이 전부라고 생각하면 나태해지기 마련이고, 너무 저축에만 목을 매면 커리어에 악영향을 미칠 수 있다.

현업에 있을 때 전문성을 키워 새로운 가치를 창출할 수 있는 능력을 키워야 한다. 어떤 일자리도 이제는 안정적이지 않고, 미래를 보장해주지 않는다. 자신이 좋아하는 일에 시간을 투자하고, 잘 놀 수 있는 능력을 키워야 한다. 자산관리라고 해서 금융자산만 관리하는 것은 아니다. 개인의 커리어와 능력도 하나의 자산이다.

습관적인 야근과 목적 없는 술자리로 시간을 낭비하지 말고, 내가 행복해질 수 있는 길을 가야 한다. 성공자는 직장을 다니는 동안에도 틈틈이 생각할 수 있는 시간을 확보해 아이디어를 얻고 새로운 것을 창조한다. 생각에서 부의 기회를 창출한다. 기업가가 생각을 멈추는 순간 기업은 성장을 멈추게 될 뿐만 아니라 도태되고 사라지고 만다.

핵심은
창의적인 사고

대부분의 사람이 주어진 일만 처리하느라 인생의 많은 시간을 흘려보내고 있는 동안 세상은 빠르게 바뀌었다. 기술의 발전으로 로봇과 인공지능이 인간을 대체하는 세상이 도래하고 있다. 전 세계가 로봇의 발달로 인간의 일자리가 축소될 것이라는 암울한 전망을 내고 있다. 옥스퍼스대학교 연구팀은 "20년 후 미국의 일자리는 47% 소멸된다."라고 말했고, 토마스 프레이(Thomas Frey) 다빈치연구소장은 "2030년에는 일자리가 20억 개 정도 사라진다."고 예측했다.

로봇과 인공지능은 인간의 일자리를 빠른 속도로 잠식할 것으로 예상된다. 앤드루 맥아피(Andrew McAfee) 교수는 로봇의 발달로 미래 사회의 부의 지도는 불평등이 더욱 심화되어 상위 1%의 1%, 즉 전체 인구의 0.01%가 부의 대부분을 차지할 수 있다고 경고한다.

아무리 로봇이 인력을 대체한다 해도 로봇 역시 사람이 창조한 물건이다. 그렇기에 무조건 비관적일 필요는 없다. 또 산업의 변동으로 소멸되는 직업도 있지만, 예상하지 못한 새로운 일자리도 새롭게 등장하고 있다.

지금과 똑같은 삶을 계속 산다면 더 나은 미래를 기대할 수 없다. 지금과 같은 방식을 고수한다면 인간이 로봇, 컴퓨터와 경쟁하는 시대에서 살아남을 수 없다. 미래 사회에서 경쟁력을 키우고 싶다면 '창의적인 사고'에 주목해야 한다. 창의성은 문제 해석 능력과 비례한다. 자신의 분야에서 전문가가 되기 위해 노력하면 문제해결력은 향상된다. 문제를 제대로 이해하고, 본질을 읽을 수 있다면 불확실한 미래를 이길 수 있는 힘을 갖게 된다.

내 능력을 정확히
진단하고 계발하기

최근에는 일뿐만 아니라 취미생활도 업이 될 수 있는 시대
가 되었다. 꽃꽂이가 취미인 지인은 특별한 날 예쁜 꽃바구니를
만들어서 주변 사람에게 선물했다. 솜씨가 좋다 보니 꽃꽂이를
배우고 싶다는 사람이 늘어났고, 은퇴 이후 꽃꽂이 강습과 꽃 장
식 판매로 제2의 삶을 시작했다.

일에만 파묻혀서 살다 보면 앞을 보지 못한다. 운전을 해본
사람은 안다. 사고 여부는 운전자가 브레이크를 언제 잡았는지
에 달려 있다. 바쁘고 분주하게 살아온 삶에 이제는 브레이크를
걸어야 한다. 그리고 자신의 발전을 위해 투자할 수 있어야 한
다. 돈을 아끼고 모아서 자산을 늘리는 것도 중요하지만, 본질은
나의 진짜 자산이 어떤 것인지 아는 데 있다. 평생을 월급에 의
존하며, 내 인생의 남은 시간을 남의 회사를 키우는 데 허비할
수는 없다.

조직에서 나와 1인 기업가가 되니 타인의 시선에서 자유로
워졌다. 회사를 다닐 때는 주변 모두가 회사원이다 보니 회사의
브랜드와 직급을 사회적 위치로 생각하며 살았다. 그래서 어느

기업에서 일하는지, 직급은 어떻게 되는지에 따라 사람을 평가했다. 하지만 자의반타의반 회사를 졸업하고 나니 이제는 본래의 '나'로 살아갈 수 있게 되었다.

내 능력을 정확히 진단하고 계발해야 한다. 백화점에 가면 아름답게 포장된 샘플 제품을 볼 수 있다. 샘플은 현란하고 아름답지만, 말 그대로 샘플이기에 돈을 주고 사는 사람은 없다. 빈 상자로 알맹이가 없기 때문이다. 그러나 제품이 다이아몬드 보석이라면 설사 엉성한 헝겊으로 포장되었다 해도 그 가치가 깎이지 않는다. 세월이 흘러도 다이아몬드처럼 빛나는 인생을 살고 싶다면 지금부터라도 커리어를 관리하기 바란다.

부자들이 나눔을 실천하는 이유

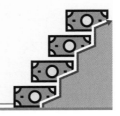

이수영 광원산업 회장은 기부왕으로 유명하다. 지난 2012년 첫 기부를 시작으로 카이스트와 인연을 맺은 뒤 최근 카이스트에 676억 원을 기부하면서 전 국민의 관심을 받았다. 이는 카이스트의 역대 최고 기부액이다.

"언젠가는 재산을 사회에 환원하리라 생각했고, 국가 발전을 위하는 길이 무엇인지 고민하다 카이스트를 선택했다."

이수영 회장은 기부 이유에 대해 이렇게 밝혔다. 그녀는 기자로 활동하다 1980년 언론 통폐합이 있던 시기에 노조를 만들었다는 오해를 받고 기자 생활을 접게 된다. 이후 사업에 전념하며 크게 성공했는데, 늘 재산을 사회에 환원하고 싶은 마음을 갖고 살았다고 한다. 우리나라 국가 발전을 위한 길이 무엇인지 고민하던 중에 과학기술이 발전의 원동력이 될 것이라고 판단했고, 카이스트에 기부를 약속했다.

구두쇠와 기부자는
유전자부터 다르다

나눔에 관해 이스라엘 히브루대학교 심리학과 연구팀이 재미있는 조사를 했다. 성인 남녀 203명에게 각각 12달러씩 주면서 두 가지 선택지를 제안했다. 하나는 받은 돈을 모두 자신이 갖는 것이고, 다른 하나는 받은 돈의 일부 또는 전부를 남에게 기부하는 것이다.

실험 결과, 연구진은 구두쇠와 기부자가 유전자부터 다르다는 재미있는 발표를 한다. 실험에 참가한 이들의 DNA 샘플을 비교해보니 'AVPR1a'라는 유전자 존재 여부에 따라 기부 행태가 크게 달라진 것이다. 'AVPR1a' 유전자를 가진 사람은 없는 사람보다 50% 이상 많은 돈을 기부했다.

나눔은 타인을 위한 것이라고 생각하는 경우가 많다. 하지만 나눔은 나를 위한 것이기도 하다. 미국의 내과의사 앨런 룩스(Allan luks)는 타인에게 도움을 주면 헬퍼스 하이(Helpers High)가 촉진되어 몸에 긍정적인 변화가 일어난다는 연구 결과를 발표했다. 사람은 남을 도우면서 혹은 돕고 나서 정서적 포만감을 느끼게 되는데, 이것이 인간의 신체에 몇 주간 긍정적인 변화를 야기한다는 것이다.

딸의 돌잔치가 끝나고 필자는 축하금을 딸의 이름으로 사회적 약자를 위해 기부했다. '나눔의 DNA'를 딸에게 선물로 준 것이다. 아이는 성장하면서 자신의 이름으로 후원된 기록을 보며 '나눔의 가치'를 이해하게 되었다.

미국 최고의 명문 고등학교 필립스 엑스터 아카데미는 졸업생의 30%가 아이비리그에 진학한다. 이 학교의 졸업생 중에는 페이스북의 마크 저커버그(Mark Zuckerberg)가 있다. '페이스북'이라는 이름을 필립스 엑스터 아카데미의 출석부 이름에서 따왔다는 것은 유명한 일화다. 이 학교의 교훈은 라틴어로 '논 시비(Non Sibi)'다. '자신만을 위하지 않는'이라는 뜻으로, 공부만 잘하는 사람이 아닌 타인을 존중하고 배려하는 인재를 키우겠

돈을 지배하는 31가지 부의 도구

다는 의미다.

　하버드대학교 역시 비슷한 교훈이 있다. 하버드 학생들이 자주 드나드는 출입구에는 앞뒤로 2개의 문구가 쓰여 있다. 들어올 때는 '대학에 와서는 지혜를 배우고(enter to grow in wisdom)', 나갈 때는 '졸업한 뒤에는 더 나은 세상과 인류를 위해 봉사하라(depart to serve better thy country and thy kind).'라는 문구를 볼 수 있다.

　성공의 목적과 함께 어떻게 살아가는 것이 성공적인 삶인지 연구한 와튼스쿨의 애덤 그랜트(Adam Grant) 교수는 『기브 앤 테이크』를 통해 "주는 사람이 성공하게 된다."라고 말한다. 애덤 그랜트 교수는 기부를 통해 성공한 사람을 '이타적인 성공자'라고 명명한다. 그는 연구를 통해 성공에 대한 고정관념, 즉 독한 자가 모든 것을 가져간다는 '승자 독식'의 명제를 뒤집는다. 바쁜 와중에도 누군가를 돕고, 지식과 정보를 기꺼이 공유하고, 자신의 이익을 기꺼이 양보하는 사람이 성공할 확률이 높다는 것이다.

　미국의 슈퍼리치들이 부의 축적만큼 기부 문화에 앞장서는 이유는 '나눔'의 가치와 중요성을 잘 알고 있기 때문이다. 억만장자들은 지금도 인류를 위해 백신 개발에 투자를 하고, 전염병 퇴치에 앞장서는 등 타의 모범이 되고 있다.

우리나라도 이제 나눔이 보편화되고 있다. 기부는 특별한 사람만 할 수 있는 것이 아닌, 누구든지 마음만 있다면 어떤 형태로든 참여할 수 있다. 재능기부를 통해 지식과 기술을 전하고 나누는 방법도 있다. 헤어디자이너로 성공한 E고객은 매달 독거노인을 위해 미용봉사를 하고 있다. 자신의 재능을 발휘해 소외된 이웃에게 선한 영향력을 전달한 것이다.

석유왕 존 록펠러는 '노블레스 오블리주'의 대표 주자다. 55세에 불치병으로 시한부 판정을 받은 뒤 그의 인생은 대전환을 맞았다. 병원에서 '주는 자가 받는 자보다 복이 있다.'라는 격언에 감명을 받은 그는 뒤늦게 나누는 삶을 실천했고, 은퇴 후 약 3억 5천만 달러를 기부했다. 1년도 못 살 것이라던 의사의 진단과 달리 존 록펠러는 40여 년을 더 살았다.

〈포브스〉에서 선정한 역사상 최고의 부자인 존 록펠러의 이러한 신념은 우리나라 문화에도 큰 영향을 끼쳤다. 1962년 유치진 작가는 록펠러재단의 재정 지원을 받아 드라마센터를 설립했고, 이 연극 공연장은 훗날 서울예술대학교의 모태가 되어 한국 문화산업의 동력을 제공했다. 미국 내에서 세계로 무대를 옮긴 록펠러재단은 전 세계 곳곳에 수십억 달러 규모의 기금을 후원하고 있다.

기부로 시작하는
추월차선 라이프

기부를 통해 선한 영향력을 행사하는 부자들은 추월차선을 달린다. 나눔이 커질수록 더욱 빠르게 부를 창출하기 때문이다. 경제적인 자유와 존경을 누리면서 자산은 더욱 빠르게 늘어난다.

나눔에 관한 지혜를 들을 때면 기부활동이 삶의 종착지가 아닌 여정이란 것을 알 수 있다. 인생에 공짜 점심이 없는 것처럼 추월차선 라이프의 시작에는 나눔이 있다. 사람들은 테이크 아웃 커피를 사는 데 5천 원을 쉽게 쓰지만, 5천 원을 기부하는 데는 주저하곤 한다. 꼭 큰 성공을 해야 나눌 수 있고, 기부할 수 있는 것이 아니다. 지금 5천 원도 나누지 못한다면 나중에 지금보다 자산이 늘었을 때는 나눔이 더 어렵게 느껴질 것이다. 돈이 없다면 재능을 나누는 방법도 있다.

풍요롭고, 부유한 삶을 살고 싶은가? 그렇다면 지금 바로 자신이 가지고 있는 재능과 자산을 나눔으로써 진정한 부를 얻는 방법을 실천해보자. 이러한 실천으로 부와 성공이 따르는 명품 인생을 살게 될 것이다.

포스트 코로나 시대의
신문독법

최근 우리나라 교육계에서 제일 큰 화두는 아이들의 '문해력'이다. 문해력은 글을 읽고 의미를 이해하는 능력이라는 뜻으로 미래 시대 핵심 역량으로 꼽힌다. EBS에서 방영한 〈당신의 문해력〉은 대한민국 문해력의 충격적인 현실을 보여주면서 학생, 직장인, 학부모 등 다양한 연령대의 사람들에게 많은 화제가 되었다.

문해력은 학교 공부뿐만 아니라 대학 진학, 직장에서의 업무, 주변 사람과의 소통 등 삶 전반에 큰 영향을 미친다. 특히 초등학교 저학년 아이들의 문해력 결손 문제가 심각한 상황이다. 독서와 멀어지고 24시간 디지털 기기와 함께하면서 한글을 읽지 못하거나, 단어의 의미를 몰라 선생님의 설명을 이해하지 못하는 아이가 늘고 있다.

이 프로그램이 방영되고 고민이 깊어졌다. 대학에서 강의를 하면서 대학생들의 문해력 저하 문제를 한 해가 다르게 체감하고 있기 때문이다. 글자는 읽지만 글은 이해하지 못하는 제자를 만날 때마다, 문해력을 키울 수 있는 방법에 대한 고민이 깊어졌다. 그래서 최근에는 신문으로 세상을 보는 방법에 대해 강연하고 있다. 이 글을 읽는 당신도 신문을 통해 부의 기회를 발견할 수 있고, 문해력도 높일 수 있다.

수업에서 학생에게 신문 구독을 권유하면 보통 이렇게 이야기한다.

"부모님도 신문을 구독하지 않으시고, 저도 기사는 핸드폰으로 검색하는 게 더 편해서요. 그냥 검색해서 뉴스를 보면 안 되나요?"

물론 뉴스는 검색해서 볼 수 있다. 하지만 검색이 사색으로 이어지지는 않는다. 사색은 문해력과 상관관계가 매우 높다. 검색이 손끝으로 휘리릭 지나가는 휘발성이 강한 방법이라면, 종이 신문은 나의 뇌를 자극시켜 사색을 유발한다. 또 인터넷 기사는 무료지만 신문 구독은 비용을 지불을 해야 한다. 인터넷 기사는 공짜라는 생각에 집중해서 보는 경우가 드물지만 종이 신문은 그렇지 않다. 구독료는 2만~2만 5천 원 정도인데, 매월 2만 원으로 매일 책 한 권 가치의 신문을 볼 수 있으니 한 달이면 30여 권의 책을 읽는 셈이다. 따라서 종이 신문 구독은 적은 비용으로 큰 가치를 만들어낼 수 있는 최고의 투자다.

필자는 매일 2개 일간지와 2개 경제신문을 읽는다. 1시간 정도 시간을 쓰는데, 신문의 모든 기사를 정독할 수는 없지만 헤드라인과 전문가의 칼럼은 꼭 꼼꼼하게 읽는다. 가끔 요청이 들어와서 기고도 몇 번 했는데, 직접 써보니 신문에 실린 칼럼이 얼마나 큰 가치가 있는 글인지 다시 한번 깨닫게 되었다. 1개의 칼럼을 쓰기 위해서는 적어도 그 분야에서 10년 이상 경험이 있거나, 전문가 수준의 지식이 필요하기 때문이다.

헤드라인과 칼럼만 꾸준히 읽어도 세상의 흐름을 읽는 데 많은 도움이 된다. 사실이 아닌 거짓뉴스, 즉 가짜뉴스를 걸러낼 수 있는 디지털 리터러시도 향상된다. 과거와 달리 지금은 누구나 쉽게 전 세계 뉴스를 실시간으로 접하고, 다양한 정보를 얻을 수 있다. 그런데 간혹 '이 정보는 특별해서 너에게만 알려주는 거야. 소문내지 말고 여기에 투자해.' 이렇게 악마의 속삭임으로 사기 행각을 벌이는 자들이 있다. 이러한 거짓 정보에 휘둘리지 않기 위해서라도 반드시 디지털 리터러시를 키워야 한다.

신문의 모든 면을 정독하는 게 힘들면 처음에는 관심 있는 섹션만 봐도 좋다. 신문은 정치, 경제, 사회 등 다양한 섹션으로 구성되어 있다. 시선이 멈추는 헤드라인부터 읽다 보면 어느새 신문 읽기가 매우 재미있고, 유익한 시간이 될 것이다. 그리고 여기서 한 발 더 나아가 관심 있는 주제를 스크랩하고, 중요한 부분은 밑줄도 그어가며 필사를 해보자. 정제된 글을 매일 읽고 필사하는 습관을 갖게 되면 문해력뿐만 아니라 말하기, 글쓰기 실력도 매우 좋아진다.

이제 당신의 차례다. 새로운 부의 기회를 발견하고 싶은가? 신문 읽기로 세상의 변화를 주도할 새로운 트렌드와 미래 먹거리를 발견해보자.

돈을 지배하는 31가지 부의 도구

초판 1쇄 발행 2022년 2월 25일

지은이 | 오지혜
펴낸곳 | 원앤원북스
펴낸이 | 오운영
경영총괄 | 박종명
편집 | 이광민 최윤정 김형욱 김상화
디자인 | 윤지예 이영재
마케팅 | 문준영 이지은
등록번호 | 제2018-000146호(2018년 1월 23일)
주소 | 04091 서울시 마포구 토정로 222 한국출판콘텐츠센터 319호(신수동)
전화 | (02)719-7735   팩스 | (02)719-7736
이메일 | onobooks2018@naver.com   블로그 | blog.naver.com/onobooks2018
값 | 17,000원
ISBN 979-11-7043-288-3 03320